Maximilian Beck

Basiswissen für gewerbliche und behördliche Drohnennutzung

„Ehrenamt ist nicht Arbeit die nicht bezahlt wird,

sondern Arbeit die nicht bezahlt werden kann. "

- unbekannt

Bibliografische Information der Deutschen Nationalbibliothek:

Die Deutsche Nationalbibliothek verzeichnet diese Publikation in der Deutschen Nationalbibliografie; detaillierte bibliografische Daten sind im Internet über http://dnb.dnb.de abrufbar.

1. Auflage

Illustrationen: Maximilian Beck

Verlag: BoD · Books on Demand GmbH, Überseering 33,

22297 Hamburg, bod@bod.de

Druck: Libri Plureos GmbH, Friedensallee 273, 22763 Hamburg

ISBN: 978-3-8192-3082-0

INHALTSVERZEICHNIS

XI

XII

Glossar, Definitionen, Erläuterungen und Abkürzungsverzeichnis

ADS-B	Automatic Dependent Surveillance – Broadcast; automatische Übertragung abhängiger Beobachtungsdaten.
AGL	Above Ground Level; über Grund.
AltMoc	Alternative Means of Compliance; alternative Nachweisverfahren.
AMC	Acceptable Means of Compliance; akzeptierte Nachweisverfahren.
A-NPA	Advance Notice of Proposed Amendment; Vorentwurf europäischer Regulierungen.
App	Application; Programm für Smartphones/Tablets.
ARC	Air Risk Class; Risikoklasse Luft.
ATTI	Attitude Modus; Betriebsmodus bei DJI ohne GPS.
ATZ	Aerodrome Traffic Zone; Flugplatzverkehrszone.
BDL	Bundesverband der Deutschen Luftverkehrswirtschaft e. V.
BFU	Bundesstelle für Flugunfalluntersuchung.

BLAG-UAS/FM Bund-Länder-Arbeitsgruppe UAS und Flugmodelle.

BMVI Bundesministerium für Verkehr und digitale Infrastruktur; Oberste Luftfahrtbehörde für zivile Luftfahrtangelegenheiten.

BOS Behörden und Organisationen mit Sicherheitsaufgaben.

BVLOS Beyond Visual Line of Sight; Betrieb außerhalb der Sichtweite: eine UAS-Betriebsart, die nicht in VLOS durchgeführt wird.

ConOps Concept of Operations; Einsatzbeschreibung bzw. Betriebskonzept.

CTR Control Zone; Kontrollzone an Flughäfen.

D&A Detect & Avoid; Erkennen & Vermeiden. Ein D&A-System erkennt Hindernisse und weicht selbstständig aus.

DAeC Deutscher Aero Club e.V.; Größter Luftsportverband in Deutschland.

DAS DFS Aviation Service GmbH; Flugsicherungsorganisation.

DFS Deutsche Flugsicherung GmbH; Flugsicherungsorganisation.

DLRG Deutsche Lebens-Rettungs-Gesellschaft e.V.; Verein zur Wasserrettung.

DMFV Deutscher Modellflugverband e.V.

DRK	Deutsches Rotes Kreuz; Sanitätsdienst und Organisation mit Sicherheitsaufgaben.
EASA	European Aviation Safety Agency; Europäische Agentur für Flugsicherheit.
ED-R	Gebiet(e) mit Flugbeschränkungen.
EU	Europäische Union.
EVLOS	Extended Visual Line of Sight; Betrieb in erweiterter Sichtweite: Entweder sorgen Luftraumbeobachter:innen für eine Luftraumbeobachtung oder übernehmen die Steuerung und sind fortan neue:r Fernpilot:in.
Fernpilot:in	Eine natürliche Person, die für die sichere Durchführung des Fluges eines unbemannten Luftfahrzeugs verantwortlich ist, wobei der/die Fernpilot:in entweder die Flug-steuerung manuell vornimmt oder, wenn das unbemannte Luftfahrzeug automatisch fliegt, dessen Kurs überwacht und in der Lage bleibt, jederzeit einzugreifen und den Kurs zu ändern. *Synonyme: Steuer:in, Luftfahrzeugführer:in.*
FL	Flightlevel; Flugfläche.
FLARM	Kollisionswarngerät für Luftfahrzeuge.
Flugmodell	National: Unbemanntes Fluggerät einschließlich Kontrollstation, welches ausschließlich zu Sport- und Freizeitzwecken betrieben wird.

EU: UAS im Betrieb in Vereinen und Vereinigungen, einfacher gestaltet als andere Klassen von UAS. Dient der Durchführung von Freizeitflügen, Flugveranstaltungen, sportliche Aktivitäten oder Wettbewerben.

Flyaway Unkontrolliertes Abdriften oder Hinfort-Fliegen einer Drohne.

Follow-Me-Modus ein Betriebsmodus eines UAS, bei dem das unbemannte Luftfahrzeug Personen innerhalb eines vorher festgelegten Radius ständig folgt.

FPV First Person View; Egoperspektive.

ft feet; Fuß (Maßeinheit); 1 ft entspricht 0,3048 m.

Geofencing virtuell eingerichtete Begrenzung (Einzäunung) mittels GNSS.

Gimbal Kardanische Aufhängung; Mehrachsige Stabilisierungsvorrichtung für die Kamera.

GNSS Global Navigation Satellite System; Sammelbegriff für globale Satellitensysteme.

GPS Global Position System; globales Satellitensysteme der USA.

GRC Ground Risk Class; Risikoklasse Boden.

HALE	High Altitude Long Endurance; große Höhe, lange Reichweite.
ICAO	International Civil Aviation Organisation; Internationale Zivilluftfahrtorganisation.
IFR	Instrument Flight Rules; Instrumentenflugregeln.
J	Joule; Maßeinheit für kinetische Energie.
JARUS	Joint Authorities for Rulemaking on Unmanned Systems; Internationale Arbeitsgruppe zur Regulierung von Drohnen.
kmz (kml)	Keyhole Markup Language; Eine Datei, die als Layer in bspw. Google-Earth geladen werden kann. Die kmz ist eine komprimierte Version der kml.
KunstUrhG	Kunst-Urheber-Gesetz.
LBA	Luftfahrt-Bundesamt.
LiPo	Lithium-Polymer-Akkus; Akkuart.
LLB	Landesluftfahrbehörde.
LuftVG	Luftverkehrsgesetz.
LuftVO	Luftverkehrs-Ordnung.
LuftVZO	Luftverkehrs-Zulassungs-Ordnung.
LVL	Lärmvorschrift für Luftfahrzeuge.

MALE   Medium Altitude Long Endurance; mittlere Höhe, lange Reichweite.

MTOM   Maximum Takeoff-Mass: die von Hersteller:in oder Erbauer:in festgelegte höchstzulässige Masse des unbemannten Luftfahrzeugs, einschließlich Nutzlast und Kraftstoff, mit der bzw. dem das unbemannte Luftfahrzeug betrieben werden kann.

Synonyme: MTOW, Maximale Abflugmasse, Maximales Abfluggewicht.

Menschen-ansammlung   eine Vielzahl von Menschen, die so dicht gedrängt stehen, dass es einer einzelnen Person nahezu unmöglich ist, sich aus dieser Menge zu entfernen.

Mhz   Megahertz; Maßeinheit für Funkfrequenz.

MSL   Mean Sea Level; Meeresspiegel.

N/A   Not Applicable; nicht verfügbar.

NDB   Non-Directional Beacon; ungerichtetes Funkfeuer. Positionsbestimmung in der bemannten Flugnavigation.

NfL   Nachrichten für Luftfahrer; Verbindliche Bekanntmachungen von Anordnungen sowie wichtige Informationen für die Luftfahrt.

NOTAM   Notice To Airmen; Informationen über temporäre und permanente Änderungen des Luftfahrthandbuches AIP.

Payload alle Instrumente, Mechanismen, Ausrüstungen, Teile, Geräte, Zubehörteile oder Zusatzteile, einschließlich Kommunikationsausrüstung, die in das Luftfahrzeug eingebaut bzw. an diesem angebracht sind und nicht dazu verwendet werden oder verwendet werden sollen, das Luftfahrzeug im Flug zu betreiben oder zu steuern, ohne jedoch Teil des Flugwerks, eines Motors oder eines Propellers zu sein.

Synonyme: Nutzlast.

PIS Public Interest Site; Landestelle (des öffentlichen Interesses) z.B. für Hubschrauber bei Krankenhäusern.

RC Remote Control; Fernsteuerung; ferngesteuert

Redundanz Ein Ausfall eines Systems bspw. eines Motors kann durch zusätzliche Systeme der Ausfall kompensiert werden.

RTH Return To Home; Rückkehr zum Startpunkt (Homepoint); das Gerät kehrt autonom zum Startpunkt zurück.

RMZ Radio Mandatory Zone; Gebiet mit Funkkommunikationspflicht.

SAIL Specific Assurance Integrity Level; Risikostufe gem. SORA zur Ermittlung der Gegenmaßnahmen.

SAR Search And Rescue; Suchen und Retten.

SERA	Standardised European Rules of the Air; Standardisierte Europäische Luftverkehrsregeln.
SMH	Sicherheitsmindesthöhe; Mindestflughöhe für bemannten Luftverkehr.
SOP	Standard Operating Procedures; Standardbetriebsverfahren.
SORA	Specific Operational Risk Assessment; Risikobewertung.
SORA-GER	Specific Operational Risk Assessment Germany; Risikobewertung (deutsche Version).
Tethered	gefesselt(e Drohne; kabelgebunden; angebunden).
THW	Bundesanstalt Technisches Hilfswerk; Behörde im Geschäftsbereich des Bundesinnenministeriums.
Tilt Wing/ Tilt Rotor	Kippflügler; Die Antriebe/Tragflächen lassen sich kippen.
TMZ	Transponder Mandatory Zone; Zone mit Transponderpflicht.
TRA	Temporary Reserved Airspace; zeitweilig reservierter Luftraum.

UA	Unbemanntes Luftfahrzeug; Ein unbemanntes Luftfahrzeug ist ein Luftfahrzeug, das ohne einen an Bord befindliche Pilot_innen autonom oder ferngesteuert betrieben wird oder dafür konstruiert ist.
UAS	Unbemanntes Luftfahrzeugsystem; Ein unbemanntes Luftfahrzeug sowie die Ausrüstung für dessen Fernsteuerung.

Synonyme: UAV, unbemanntes Luftfahrtsystem, Unbemanntes Fluggerät, Flugmodell.

VFR	Visual Flight Rules; Sichtflugregeln.
VLOS	Betrieb in Sichtweite (visual line of sight operation, VLOS): eine UAS-Betriebsart, bei der der Fernpilot:innen in der Lage sind, einen ununterbrochenen und nicht unterstützten Sichtkontakt mit dem unbemannten Luftfahr-zeug aufrechtzuerhalten, sodass dessen Flugweg so gesteuert werden kann, dass Kollisionen mit anderen Luftfahr-zeugen, Menschen und Hindernissen vermieden werden.
VR	Virtual Reality; virtuelle Realität.
VTOL	Vertical Take-Off and Landing; Senkrechtstart und -landung.
Waypoint	Wegpunkt.
WLAN	Wireless Local Area Network; Drahtlosnetzwerk, meist auf 2,4 Ghz-Basis.

Vorwort

Liebe Leser:innen,

vielen Dank, dass Sie sich für dieses Buch entschieden haben und sich mit dem Thema der unbemannten Luftfahrt auseinandersetzen möchten.

Die ursprüngliche Fassung entstand als wissenschaftliche Abschlussarbeit im Rahmen meines Masterstudiums. Dabei war es mein Ziel, wissenschaftlichen Ansprüchen gerecht zu werden und gleichzeitig eine möglichst gute Lesbarkeit zu bieten. Diese überarbeitete Version wurde inhaltlich und sprachlich weiterentwickelt, um rechtliche Aktualisierungen einzubeziehen und den Zugang zur Materie zu erleichtern. Zudem wurden Quellen entfernt (diese können in der ersten Auflage nachgeschlagen werden).

Das Buch bietet einen umfassenden Überblick über verschiedene Bereiche der unbemannten Luftfahrt und stellt Bezüge zu den rechtlichen Rahmenbedingungen her.

Bitte beachten Sie, dass sich das Luftrecht in einem fortlaufenden Wandel befindet. Es empfiehlt sich daher, stets auf dem aktuellen Stand der Rechtslage zu bleiben. Der Stand dieser Ausgabe ist Sommer 2025.

Herzlichst,

Maximilian Beck

Kapitel 1: Einleitung

Automatisierte Systeme und Roboter finden seit einigen Jahren zunehmend Einsatz in unterschiedlichsten Arbeitsbereichen. Besonders unbemannte Luftfahrzeugsysteme (Unmanned Aerial Systems, kurz: UAS) eröffnen ihren Betreiber:innen neue Perspektiven – etwa bei Vermessungen, Inspektionen oder in der Überwachung.

Dank ihres erhöhten Blickwinkels, der einfachen Handhabung und der schnellen Einsatzbereitschaft sind UAS auch für Behörden und Organisationen mit Sicherheitsaufgaben (BOS) von großem Interesse. Prognosen und Marktanalysen deuten bereits heute auf ein stark wachsendes Potenzial im BOS-Bereich hin, mit nahezu exponentiellen Wachstumsraten.

Mit der wachsenden Zahl von UAS-Anwendungen entstehen für Luftfahrtbehörden und Betreiber:innen fortlaufend neue Szenarien. Diese machen es notwendig, bestehende rechtliche Rahmenbedingungen zu überprüfen und an die tatsächliche Nutzung anzupassen.

Neben den zahlreichen Chancen und technischen Möglichkeiten von UAS werden jedoch auch Risiken diskutiert – etwa für die bemannte Luftfahrt oder unbeteiligte Personen am Boden. Ein prägendes Beispiel war der Absturz eines rund 15 Kilogramm schweren Multikopters bei einem Wintersportevent im Jahr 2015, bei dem der Skirennläufer Marcel Hirscher nur knapp verletzt wurde. In den letzten Jahren kam es auch zu Störungen des Flugverkehrs durch UAS in der Nähe von Flughäfen. Dabei führten Sperrungen von Start- und Landebahnen zu erheblichen Verspätungen im Linienverkehr.

Während sich der Missbrauch unbemannter Fluggeräte in Deutschland bislang häufig auf Verstöße gegen die sogenannte „Drohnenverordnung" sowie auf den Schmuggel von Pyrotechnik in Stadien oder von Drogen und Mobiltelefonen in Justizvollzugsanstalten beschränkte, setzen internationale Terrororganisationen UAS gezielt für Anschläge ein – häufig mit Sprengsätzen, die unter den Geräten angebracht und im Schwarm abgeworfen werden.

Um solchen Gefahren zu begegnen, wurde im April 2017 die sogenannte „Drohnenverordnung" verabschiedet. Ziel war es, klare gesetzliche Rahmenbedingungen für den Betrieb unbemannter Luftfahrzeuge zu schaffen und gleichzeitig den Einsatz von UAS für BOS zu erleichtern. Während Polizei und Militär bereits über Sonderrechte verfügten, wurden vergleichbare – wenn auch eingeschränkte – Ausnahmeregelungen auch für BOS eingeführt. Diese ermöglichten eine Nutzung ohne umfangreiche Einzelgenehmigungen, was insbesondere im Einsatzfall eine erhebliche Erleichterung darstellte.

Bis zur Verabschiedung dieser Verordnung mussten etwa Feuerwehren für jeden UAS-Einsatz eine separate Aufstiegserlaubnis einholen – häufig zu aufwändig für den zeitkritischen BOS-Alltag. Auch heute gelten diese Sonderregelungen weiter. Zwischenzeitlich wurden viele Vorschriften in sogenannte Geozonen überführt oder durch europäische Regelungen ersetzt.

Durch die eingeführten Sonderregeln konnten seit 2017 Behörden bei Ihrer Aufgabenerfüllung und Organisationen mit Sicherheitsaufgaben im Zusammenhang mit Not- und Unglücks- sowie Katastrophenfällen auch ohne Erlaubnis unbemannte Fluggeräte in vielen Verbotszonen betreiben. Jedoch räumen diese Sonderrechte keine allumfänglichen Freiheiten ein; das Luftverkehrsrecht und weitere Rechtsgebiete gelten unbeschadet der Befreiungen weiterhin und haben somit Einfluss auf den Betrieb. Hierdurch kann es zu rechtswidrigen Einsätzen von UAS durch BOS kommen, die mit Strafen bis hin zum Freiheitsentzug geahndet werden können und folgende Frage aufwerfen:

„Können Behörden und Organisationen mit Sicherheitsaufgaben unbemannte Luftfahrzeugsysteme rechtssicher bei der Aufgabenwahrnehmung einsetzen?"

Um die Frage fundiert zu beantworten und Behörden sowie Organisationen mit Sicherheitsaufgaben (BOS) einen umfassenden Überblick über aktuelle und zukünftige rechtliche Rahmenbedingungen zu geben, behandelt diese Arbeit die relevantesten Rechtsgebiete und Normen im Zusammenhang mit dem Einsatz unbemannter Luftfahrzeugsysteme (UAS).

Die luftverkehrsrechtliche Gesetzgebung und -verwaltung ist komplex: Zahlreiche Akteur:innen sind auf nationaler wie auch auf europäischer Ebene beteiligt. Entstanden ist ein schwer überschaubares Geflecht aus EU-Verordnungen, nationalen Gesetzen, Verwaltungsvorschriften und föderalen Sonderregelungen.

Trotz vorhandener Sonderrechte kann der Einsatz von UAS durch BOS dennoch zu Rechtsverstößen führen – mit möglichen disziplinarrechtlichen, haftungsrechtlichen oder gar strafrechtlichen Konsequenzen. Umso wichtiger ist ein klarer Überblick über die geltenden Vorgaben und ihre Wechselwirkungen.

Da es sich um ein vergleichsweise junges und dynamisches Rechtsgebiet handelt, ist die Fachliteratur bislang begrenzt. Neben geltenden Gesetzen, Verordnungen, Studien, Fachzeitschriften und Onlinequellen basiert dieses Buch auch auf aktuellen Entwicklungen und praktischen Erfahrungswerten. Ein Großteil der bisher verfügbaren Literatur stammt aus einer Zeit, in der Drohnen primär von Privatpersonen genutzt oder militärisch eingesetzt wurden. Nur wenige Werke – darunter Veröffentlichungen von Prof. Dr. Elmar Giemulla, Christian Dieckert sowie des Autors dieser Arbeit – setzen sich mit dem aktuellen nationalen Rechtsrahmen und seiner praktischen Umsetzung auseinander.

Dieser Leitfaden ist durchgängig gendergerecht formuliert, um alle Leser:innen und Prüfer:innen gleichermaßen anzusprechen. Auf das generische Maskulinum wurde bewusst verzichtet. Ausnahmen bilden wörtliche Zitate aus Gesetzes- oder Verordnungstexten, die im Original nicht genderneutral formuliert sind.

2 Grundlagen des Luftverkehrsrechts und Aufbau der Luftfahrtverwaltung

Die Regulierung und Standardisierung des Luftverkehrs erfolgt durch eine Vielzahl internationaler, supranationaler und nationaler Organisationen, Institutionen und Behörden. Diese werden im Folgenden zusammenfassend als Luftfahrtverwaltung bezeichnet.

Die Abbildung zeigt die Struktur der Luftfahrtverwaltung. Sie zeigt die wichtigsten nationalen und internationalen Akteur:innen im Bereich der Luftfahrt.

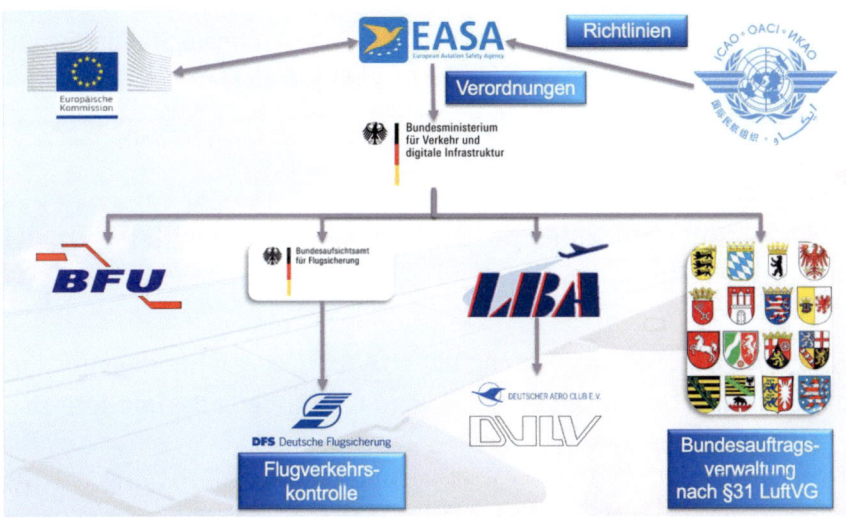

Quelle:Eigene Darstellung

Auf nationaler Ebene umfasst die Luftfahrtverwaltung in Deutschland verschiedene zuständige Behörden, Stellen und Vereinigungen. Während einige Bereiche zentral durch den Bund geregelt werden, erfolgt die Verwaltung in anderen Bereichen föderal im Rahmen der Bundesauftragsverwaltung.

2.1 Internationale und europäische Luftfahrtverwaltung, Zuständigkeiten und Organisationen

Nachfolgend werden zunächst die internationalen und europäischen Behörden, Stellen und Vereinigungen vorgestellt.

2.1.1 International Civil Aviation Organisation (ICAO)

Die Internationale Zivilluftfahrtorganisation (ICAO) wurde 1944 durch das Abkommen von Chicago (Chicagoer Abkommen) gegründet. Sie zählt rund 192 Mitgliedstaaten und legt internationale Standards und Richtlinien zur Harmonisierung der bemannten und unbemannten Zivilluftfahrt fest, die in nationalen und internationalen Gesetzgebungsverfahren Berücksichtigung finden.

2.1.2 Joint Authorities for Rulemaking on unmanned Systems (JARUS)

Die international tätige Fachgruppe JARUS (Joint Authorities for Rulemaking on Unmanned Systems) wurde 2015 gegründet und setzt sich aus Expert:innen aus rund 60 Ländern zusammen.

Ähnlich wie die ICAO erarbeitet JARUS in verschiedenen Arbeitsgruppen Verfahren und Richtlinien zur Harmonisierung der internationalen unbemannten Luftfahrt. Dazu zählen unter anderem operative Verfahren, Risikobewertungen (SORA) sowie standardisierte Betriebsbeschreibungen.

2.1.3 Europäische Kommission

Die Europäische Kommission gestaltet Strategien durch politische Maßnahmen und Initiativen und ist maßgeblich am europäischen Willensbildungsprozess beteiligt.

Im Bereich der unbemannten Luftfahrt übernimmt sie die Rolle des zentralen politischen Entscheidungsträgers.

2.1.4 Europäische Agentur für Flugsicherheit

Die Europäische Agentur für Flugsicherheit (European Union Aviation Safety Agency, kurz: EASA) ist die oberste Luftfahrtbehörde der EU und zentraler Bestandteil der europäischen Strategie für Flugsicherheit.

Die EASA besteht aktuell aus den 27 EU-Mitgliedstaaten sowie der Schweiz, Liechtenstein, Norwegen und Island. Sie entwickelt einheitliche Regelungen für die bemannte und unbemannte Luftfahrt im europäischen Luftraum – mit dem Ziel, Harmonisierung und Rechtssicherheit zu schaffen.

Mit der Basisverordnung (EU) 2018/1139 sowie dem Inkrafttreten der Durchführungsverordnung (EU) 2019/947 hat die EASA einen umfassenden Rechtsrahmen für den zivilen Drohnenbetrieb geschaffen.

2.2 Nationale Luftverkehrsverwaltung, Zuständigkeiten und Organisationen

Auf nationaler Ebene werden die europäischen Regelungen konkretisiert und durch sogenannte Geozonen ergänzt. Im nationalen Kontext sind folgende Behörden, Stellen und Verbände mit der Verwaltung der Luftfahrt betraut.

2.2.1 Das Bundesministerium für Digitales und Verkehr (BMDV)

Das Bundesministerium für Digitales und Verkehr (BMDV) ist die oberste Luftfahrtbehörde der Bundesrepublik Deutschland. Es vertritt Deutschlands Interessen in luftverkehrsrechtlichen Fragen in internationalen Gremien und Organisationen wie der ICAO oder JARUS.

Zudem obliegt dem BMDV die Ausarbeitung nationaler Gesetze, Verordnungen und Grundsätze im Bereich der Luftfahrt, einschließlich der Regelungen für unbemannte Fluggeräte.

2.2.2 Das Luftfahrt-Bundesamt (LBA)

Das Luftfahrt-Bundesamt (LBA) ist eine dem BMDV unterstellte Behörde mit Sitz in Braunschweig.

Im Bereich der unbemannten Luftfahrt ist das LBA unter anderem für die Zulassung sogenannter Prüfstellen für Fernpilotenzeugnisse zuständig. Mit dem Inkrafttreten der europäischen Regelungen erhielt das LBA zusätzliche Aufgaben – insbesondere in der „speziellen Kategorie". Dazu zählen unter anderem die Anerkennung von Light UAS Operator Certificates (LUC), die Genehmigung standardisierter Szenarien (STS), Erlaubnisse für grenzüberschreitende Einsätze, Betriebserlaubnisse im Auftrag für einige Bundesländer sowie Grundsatzaufgaben wie die Ausstellung von Fernpilotenzeugnissen und die Registrierung von Betreibern.

2.2.3 Das Bundesausichtsamt für Flugsicherung (BAF)

Das Bundesaufsichtsamt für Flugsicherung (BAF) mit Sitz in Langen ist im Bereich der unbemannten Luftfahrt unter anderem für die Erteilung von Durchflugsgenehmigungen in Flugbeschränkungsgebieten (ED-R) sowie für die Verfolgung von Ordnungswidrigkeiten im Zusammenhang mit Luftraumverletzungen zuständig.

2.2.4 Die Bundesstelle für Flugunfalluntersuchung (BFU)

Die Bundesstelle für Flugunfalluntersuchung (BFU) ist verantwortlich für die Untersuchung von Unfällen und schweren Störungen im Betrieb von Luftfahrzeugen in Deutschland. Ziel ist es, deren Ursachen zu ermitteln, um künftige Vorfälle zu vermeiden.

Im Bereich unbemannter Luftfahrzeugsysteme (UAS) wird die BFU derzeit nur dann tätig, wenn die bemannte Luftfahrt durch einen Unfall oder eine schwere Störung betroffen ist.

2.2.5 Die Deutsche Flugsicherung GmbH (DFS)

Die Deutsche Flugsicherung GmbH (DFS) ist für die Flugverkehrskontrolle und Überwachung des zivilen Luftverkehrs in Deutschland zuständig. Sie ist ein beliehenes Unternehmen des Bundes, das hoheitliche Aufgaben im Bereich der Flugsicherung wahrnimmt.

Gemeinsam mit ihrer Tochtergesellschaft DFS Aviation Services GmbH (DAS) übernimmt die DFS aktuell die Flugverkehrskontrolle an 16 internationalen Verkehrsflughäfen sowie an mehreren Regionalflughäfen in Deutschland.

2.2.6 Die Landesluftfahrtbehörden (LLB)

Das Bundesministerium kann gemäß Artikel 87d des Grundgesetzes (GG) bestimmte Aufgaben des Bundes auf die Länder übertragen – dies erfolgt im Rahmen der sogenannten Bundesauftragsverwaltung. Die rechtliche Grundlage hierfür bildet § 31 Absatz 2 des Luftverkehrsgesetzes (LuftVG).

Die Aufgabenübertragung betrifft vor allem Bereiche mit regionalem Bezug, insbesondere die besondere Nutzung des Luftraums. Dazu zählen unter anderem die Erteilung von Betriebserlaubnissen für unbemannte Fluggeräte in Geozonen sowie Aufgaben im Rahmen der speziellen Kategorie.

Unterschiedliche Verwaltungspraktiken in den Bundesländern haben in der Vergangenheit die Harmonisierung von Genehmigungsprozessen erschwert. Um eine einheitlichere Handhabung zu ermöglichen, können Erlaubnisse in der speziellen Kategorie im Rahmen der Amtshilfe an das Luftfahrt-Bundesamt (LBA) übertragen werden. Derzeit nutzen über 50% der Bundesländer diese Möglichkeit.

2.2.7 Die Bund-Länder Arbeitsgruppe UAS-Flugmodelle (BLAG-UAS/FM)

Die Bund-Länder-Arbeitsgruppe UAS (BLAG-UAS) vereint Vertreter:innen der Landesluftfahrtbehörden, des BMDV, des LBA, der DFS sowie weiterer Institutionen.

Ziel der Arbeitsgruppe ist es, den nationalen Harmonisierungsprozess im Bereich der unbemannten Luftfahrt voranzutreiben. Ein zentrales Ergebnis der BLAG-UAS sind die „Gemeinsamen Grundsätze des Bundes und der Länder für die Erteilung von Erlaubnissen und die Zulassung von Ausnahmen zum Betrieb von unbemannten Fluggeräten" sowie Regelungen zur Genehmigung von Modellfluggeländen.

2.2.8 Die Luftsportverbände

Die Lizenzierung von Privat- und Segelflugpilot:innen sowie Ballonfahrer:innen erfolgt in Deutschland durch die zuständigen Landesluftfahrtbehörden.

Lizenzen für den Betrieb von Luftsportgeräten werden hingegen von beauftragten Luftsportverbänden vergeben. In Deutschland übernehmen diese Aufgabe der Deutsche Ultraleichtflugverband e. V. (DULV) und der Deutsche Aero Club e. V. (DAeC). Beide Verbände sind auch für die Aufsicht über die entsprechenden Ausbildungseinrichtungen zuständig.

Der DAeC ist darüber hinaus auch im Bereich der unbemannten Luftfahrt aktiv.

2.2.9 Die Verbände der unbemannten Luftfahrt

Im Bereich der unbemannten Luftfahrt existieren zahlreiche weitere Verbände und Organisationen, die sich mit UAS und Flugmodellen befassen. Besonders branchenrelevant sind dabei:

- **Der Deutsche Modellflieger Verband e.V. (DMFV):** Der DMFV vertritt die Belange der Betreiber:innen von Flugmodellen und ist europaweit mit rund 90.000 Mitgliedern der größte Verband für Modellflugsportler:innen.

- **UAV DACH e.V.:** Der UAV-DACH e.V. vertritt Forschung, Herstellung und Dienstleistungen und gehört zu den erfahrensten Drohnenverbänden Europas. Der Verband entsendet Mitglieder zu Sitzungen von JARUS, dem nationalen Beirat Unbemannte Luftfahrt, ICAO, EASA und kann dadurch seine Ziele national wie international wirksam vertreten.

- **Bundesverband der Copterpiloten e.V. (BVCP):** Der BVCP vertritt die Belange gewerblicher Fernpiloten:innen und ist ein weiterer Verband für die kommerzielle Anwendung von UAS.

3 Hierarchie der luftverkehrsrechtlichen Normen und Richtlinien

Da der Luftverkehr häufig grenzüberschreitend erfolgt, kommen neben nationalem Recht auch internationale Regelwerke zur Anwendung. Ein zentrales Beispiel ist das Chicagoer Abkommen der Internationalen Zivilluftfahrtorganisation (ICAO), das durch das „Gesetz über den Beitritt der Bundesrepublik Deutschland zu dem Abkommen (...) über die internationale Zivilluftfahrt und die Annahme der Vereinbarung (...) über den Durchflug im internationalen Fluglinienverkehr" vom 7. April 1956 in nationales Recht übernommen wurde und Gesetzesrang besitzt.

Auf europäischer Ebene gelten zahlreiche Verordnungen, darunter insbesondere die Basisverordnung (EU) 2018/1139. Diese europäischen Rechtsakte haben Vorrang gegenüber nationalem Recht der Mitgliedstaaten. Treffen nationale und europäische Regelungen inhaltlich ähnliche Regelungen – etwa im Zusammenhang mit Sonderrechten für BOS – so gilt grundsätzlich das europäische Recht vorrangig.

Für den Betrieb unbemannter Luftfahrzeugsysteme (UAS) sind daher sowohl nationale als auch europäische Gesetze und Verordnungen relevant.

Im europäischen Luftverkehrsrecht wird zudem zwischen verschiedenen Normtypen unterschieden:

- **Hard Law (HL):** rechtlich verbindliche Normen mit unmittelbarem Geltungsanspruch,

- **Soft Law (SL):** Empfehlungen, Leitlinien oder Auslegungshilfen, die entweder quasi-verbindlich oder rein orientierend wirken können.

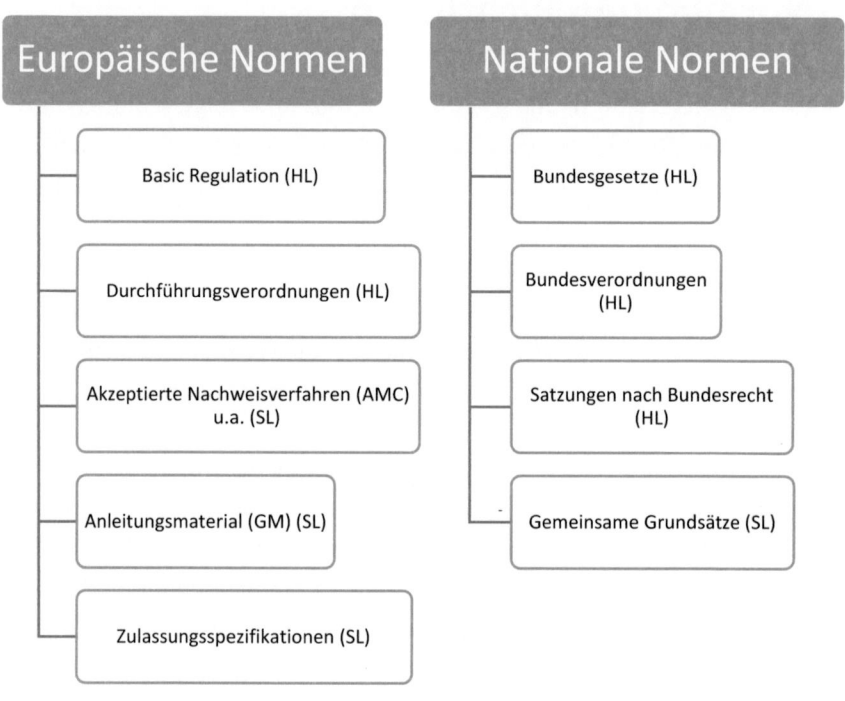

Quelle: eigene Darstellung

3.1 Europäische Normen und Richtlinien

Bis zum Jahr 2018 lag die Regelungskompetenz für unbemannte Flugge-räte unter 150 kg ausschließlich bei den Mitgliedstaaten der EU. Dies änderte sich mit Inkrafttreten der Basisverordnung (EU) 2018/1139. Seit dem Geltungsbeginn der Durchführungsverordnung (EU) 2019/947 lie-gen die wesentlichen Regelungskompetenzen für UAS nun auf europäi-scher Ebene.

Folgende europäische Rechtsgrundlagen und Richtlinien sind für die unbemannte Luftfahrt von besonderer Relevanz:

- **Basisverordnung (EU) 2018/1139 – Hard Law (bindend):** Die sogenannte „Basisverordnung" vom 4. Juli 2018 entfaltet verbindliche Wirkung in allen Mitgliedstaaten und ist unmittelbar anwendbares EU-Recht.

- **Delegierte Verordnung (EU) 2019/945 – Hard Law (bindend):** Diese Verordnung richtet sich insbesondere an Hersteller:innen von unbemannten Luftfahrzeugsystemen und definiert technische Anforderungen für UAS, die in der offenen Kategorie betrieben werden sollen.

- **Durchführungsverordnung (EU) 2019/947 – Hard Law (bindend):** Sie regelt den Betrieb von UAS auf Grundlage eines risikobasierten Ansatzes. Die Verordnung gilt als zentrale europäische Regelung für den Drohnenbetrieb – häufig auch als „europäische Drohnenverordnung" bezeichnet.

- **Acceptable Means of Compliance (AMC) – Soft Law (quasi bindend):** AMC-Dokumente ergänzen die Verordnungen und konkretisieren deren Umsetzung. Beispiel: Die in Art. 11 der Verordnung (EU) 2019/947 geforderte Risikobewertung wird im AMC durch das Specific Operation Risk Assessment (SORA) näher definiert.

- **Alternative Means of Compliance (AltMoC) – Soft Law (quasi bindend):** AltMoCs sind zulässige Alternativen zum AMC. Sie müssen im Einzelfall von der zuständigen Behörde geprüft und bei der EASA angezeigt werden.

- **Certification Specifications (CS) – Soft Law (quasi bindend):** Diese Zulassungsspezifikationen definieren technische Anforderungen – z. B. für Flugplätze, Flugsimulatoren oder die Lufttüchtigkeit von Luftfahrzeugen. Wie beim AMC sind auch hier alternative Lösungen zulässig.

- **Guidance Material (GM) – Soft Law (nicht bindend):** Das Anleitungsmaterial dient der Auslegung und praktischen Anwendung der Verordnungen. Es richtet sich sowohl an Behörden als auch an Betreiber:innen von UAS.

3.2 Nationale Normen und Richtlinien

In Deutschland haben zwei Normen wesentliche Regelungsinhalte für die unbemannte Luftfahrt:

- **Luftverkehrsgesetz (LuftVG):** Das LuftVG ist die oberste nationale Rechtsnorm im Bereich der Luftfahrt. Es enthält unter anderem Legaldefinitionen für Luftfahrzeuge, Regelungen zur Versicherungspflicht sowie Ermächtigungsgrundlagen für Verordnungen, Ordnungswidrigkeiten und Straftatbestände.

- **Luftverkehrs-Ordnung (LuftVO):** Die LuftVO ist eine der zentralen Verordnungen im deutschen Luftrecht. Für die unbemannte Luftfahrt ist sie besonders relevant, da ein Großteil der Drohnenregelungen – insbesondere Abschnitt 5a und § 21h – hier verankert ist

- **Gemeinsame Grundsätze des Bundes und der Länder:** Zur Förderung einer einheitlichen Umsetzung auf nationaler Ebene erarbeiten Bund und Länder fortlaufend gemeinsame Grundsätze.

Diese werden in den *Nachrichten für Luftfahrer (NfL)* veröffentlicht und dienen den Luftfahrtbehörden als Handlungsempfehlung im Sinne von Soft Law. Die gemeinsamen Grundsätze entfalten keine unmittelbare Außenwirkung und sind – im Gegensatz zu allgemeinen Verwaltungsvorschriften (AVV) – rechtlich nicht bindend.

4 Basisinformationen zu unbemannten Luftfahrzeugsystemen

Im folgenden Abschnitt werden die wichtigsten technischen und rechtlichen Rahmenbedingungen erläutert sowie zentrale Begriffe im Zusammenhang mit unbemannten Luftfahrzeugsystemen definiert.

4.1 Begrifflichkeiten

In der unbemannten Luftfahrt existiert eine Vielzahl unterschiedlicher Begriffe. Dabei unterscheiden sich die verwendeten Bezeichnungen im internationalen Kontext teils deutlich von denen in Deutschland. Zusätzlich variieren die Begrifflichkeiten je nach Bauart des UAS, Einsatzzweck oder Gewichtsklasse.

4.1.1 International

International existiert eine Vielzahl an Begriffen, die sich im Wortlaut ähneln oder synonym verwendet werden. Bezieht man sich ausschließlich auf das Fluggerät selbst, sind die gebräuchlichsten Bezeichnungen **Unmanned Aircraft (UA)** oder **Unmanned Aerial Vehicle (UAV)** – also unbemanntes Luftfahrzeug bzw. unbemanntes Fluggerät.

Da jedoch auch die Bodenstation und der Datenlink integrale Bestandteile des Gesamtsystems sind, wird in der Praxis häufig der Begriff **Unmanned Aircraft System (UAS)** verwendet, also unbemanntes Luftfahrtsystem oder Luftfahrzeugsystem.

Nach Definition der ICAO kann ein solches System auch als **Remotely Piloted Aircraft System (RPAS)** bezeichnet werden. Im Gegensatz zum allgemeinen Begriff UAS setzt RPAS jedoch ausdrücklich eine fernsteuernde Person voraus – automatische und autonome Einsätze sind davon nicht erfasst.

4.1.2 National (rechtlich)

Im allgemeinen Sprachgebrauch hat sich der Begriff **Drohne** etabliert und zunehmend von seiner ursprünglich militärischen Konnotation gelöst. Gelegentlich wird auch der Begriff **Kopter** verwendet – insbesondere von Betreiber:innen im zivilen Bereich.

In gesetzlichen Regelungen und Verordnungstexten dominieren jedoch drei zentrale Begriffe:

- **Flugmodelle:** Werden ausschließlich zu Sport- und Freizeitzwecken betrieben.

- **Unbemannte Luftfahrtsysteme (UAS):** Dienen anderen Zwecken, in der Regel dem gewerblichen oder behördlichen Einsatz.

- **Unbemannte Fluggeräte:** Oberbegriff, der sowohl Flugmodelle als auch unbemannte Luftfahrtsysteme umfasst.

Seit der Einführung der sogenannten „Drohnen-Verordnung" im Jahr 2017 werden Flugmodelle und unbemannte Luftfahrtsysteme rechtlich weitgehend gleichgestellt.

Da der Einsatz im BOS-Kontext in der Regel **nicht** dem Sport- oder Freizeitzweck dient und der Begriff **UAS** sowohl auf europäischer als auch auf internationaler Ebene am treffendsten ist, wird dieser Begriff auch in der vorliegenden Arbeit durchgängig verwendet.

4.2 Technische Rahmendaten und Arten von UAS

Insbesondere auf technischer Ebene zeigt sich eine hohe Dynamik in Bezug auf Einsatzzeiten, Anwendungsmöglichkeiten und Weiterentwicklungen. Nicht ohne Grund gilt die unbemannte Luftfahrt als der derzeit am stärksten wachsende Bereich innerhalb der gesamten Luftfahrtbranche.

Im Folgenden wird ein kurzer Überblick über Antriebsarten, Luftfahrzeugtypen und Systemkategorien unbemannter Luftfahrzeugsysteme gegeben.

4.2.1 Antriebsarten

Unbemannte Fluggeräte existieren in nahezu jeder Bauform und mit verschiedensten Antriebsarten – beispielsweise:

- **Nichtmotorisierte Segelflugzeuge:** Segelflugzeuge benötigen externe Startmittel wie Katapulte, Schleppflugzeuge oder Winden sowie günstige Thermik. Sie werden daher überwiegend im Modellflugbereich eingesetzt.

- **Nichtmotorisierte Ballone und Zeppeline (leichter als Luft):** Diese Fluggeräte nutzen Auftrieb durch Gase wie Helium oder erhitzte Luft, um die Erdanziehung zu überwinden. Sie können lange in der Luft verweilen, sind jedoch anfällig für Wind und thermische Einflüsse. Zeppeline sind im Gegensatz zu Ballonen steuerbar.

- **Elektromotor:** Der Elektromotor ist im zivilen Bereich am weitesten verbreitet. Gründe dafür sind die geringe Geräusch- und

Schadstoffemission sowie die vergleichsweise unkomplizierte Genehmigung im Vergleich zu Verbrennungsmotoren.

- **Verbrennungsmotor:** Diese Antriebsart wird heute vor allem im Modellflugbereich und im militärischen Sektor genutzt. Für den zivilen und gewerblichen Einsatz gewinnen hybride Antriebskonzepte zunehmend an Bedeutung.

- **Hybridantrieb:** Hybride Systeme kombinieren Elektro- und Verbrennungsmotoren (oder alternative Antriebe wie Wasserstoff). So könnte beispielsweise der leise Elektrobetrieb in bodennahen, sensiblen Bereichen erfolgen, während in größeren Höhen der Verbrennungsmotor eine höhere Reichweite ermöglicht.

4.2.2 Luftfahrzeugarten

Viele Antriebsarten lassen sich auf unterschiedliche Luftfahrzeugtypen übertragen. In der unbemannten Luftfahrt haben sich insbesondere **Multikopter**, aber auch **Starrflügler** als dominierende Bauformen etabliert.

- **Starrflügler (Fixed-Wing):** Flugzeugähnliche UAS werden als Starrflügler oder *Fixed-Wing*-Systeme bezeichnet. Sie nutzen aerodynamischen Auftrieb zur Erzielung hoher Reichweiten und können im Notfall im Gleitflug landen. Allerdings benötigen sie Start- und Landebahnen und sind nicht in der Lage, stationär in der Luft zu verharren.

- **Drehflügler (Rotary-Wing):** Zu den Drehflüglern zählen unter anderem Helikopter und Multikopter. Sie ermöglichen vertikales

Starten und Landen sowie das Schweben an einem Punkt. Aufgrund des kontinuierlich notwendigen Energieeinsatzes sind sie jedoch im Vergleich zu Starrflüglern weniger effizient.

- **Multikopter:** Multikopter lassen sich dank zahlreicher Assistenzsysteme einfach steuern. Sie starten und landen senkrecht, benötigen jedoch dauerhaft Energie für den Schwebeflug. Die Anzahl der Rotoren definiert verschiedene Bauformen. Multikopter unterscheiden sich je nach Anzahl ihrer Rotoren in verschiedene Bauformen – vom Monokopter (1 Rotor) über Duokopter (2 Rotoren), Trikopter (3 Rotoren), Quadrokopter (4 Rotoren), Hexakopter (6 Rotoren) bis hin zum Oktokopter (8 Rotoren). Dabei ist der Quadrokopter derzeit die am weitesten verbreitete Bauform. Eine Sonderform stellen kabelgebundene Multikopter dar, die zwar in ihrem Aktionsradius eingeschränkt sind, dafür aber beispielsweise eine durchgehende Stromversorgung ermöglichen. Generell dienen Multikopter vorrangig als Trägersysteme für spezialisierte Nutzlasten.

Im BOS-Bereich kommen überwiegend **Multikopter** zum Einsatz, da sie aufgrund ihrer Eigenschaften eine besonders geeignete Plattform für die erforderlichen Anwendungen bieten.

4.2.3 UAS-Kategorien nach Gewicht

Neben Antrieb und Bauart ist auch die **Größe und das Gewicht** ein wesentliches Unterscheidungsmerkmal unbemannter Luftfahrzeugsysteme (UAS). Kleinere Geräte lassen sich in der Regel einfacher transportieren und flexibel einsetzen, verfügen jedoch meist über geringere Reichweiten und eine eingeschränkte Nutzlastkapazität.

Die Kategorie der „**sehr kleinen UAS**" umfasst **Nano- und Micro-UAS**:

- **Nano-UAS** wiegen unter 250 g und erreichen in der Regel eine Einsatzzeit von bis zu einer Stunde. Ein bekanntes Beispiel ist die DJI Mavic Mini (Generation 1–4). Diese Geräte eignen sich insbesondere für Aufgaben wie Beweissicherung oder einfache Observationen.

- **Micro-UAS** sind in der Regel ebenfalls elektrisch betrieben, haben ein Startgewicht von bis zu 5 kg und erreichen ähnliche Flugzeiten. In dieser Klasse findet sich der Großteil der im BOS-Bereich eingesetzten Drohnen, da sie bereits in der Lage sind, typische Nutzlasten – etwa Wärmebildkameras – zu transportieren und gleichzeitig eine hohe Einsatzflexibilität bieten. Beispiele für Micro-UAS sind unter anderem DJI Spark, DJI Mavic, DJI Phantom, DJI Inspire, Yuneec H520 oder die Microdrones MD 100.

Die nächste Gewichtsklasse umfasst die „**kleinen UAS**" mit einer maximalen Startmasse von bis zu **25 kg**, beispielsweise die DJI Matrice 600. Diese Systeme ermöglichen den Transport schwererer Nutzlasten, bieten erweiterte Reichweiten und längere Einsatzzeiten.

In Zukunft sind auch noch größere unbemannte Fluggeräte im BOS-Bereich denkbar – etwa für den **Transport verletzter Personen** als potenzielle Ergänzung oder Alternative zu Hubschraubern.

4.2.4 UAS-Klassen gemäß Delegierter Verordnung (EU) 2019/945

Seit März 2019 gilt die Delegierte Verordnung (EU) 2019/945 über unbemannte Luftfahrzeugsysteme sowie Betreiber aus Drittstaaten. Sie richtet sich in erster Linie an Hersteller:innen von UAS und legt technische Anforderungen fest – insbesondere für Systeme, die in der **offenen Kategorie** betrieben werden sollen.

Gemäß der Delegierten Verordnung (EU) 2019/945 müssen alle unbemannten Luftfahrzeugsysteme mit einer **CE-Kennzeichnung**, einer **Kennzeichnung der jeweiligen UAS-Klasse**, der **Nummer der notifizierenden Stelle** sowie einem **Hinweis auf den Schallleistungspegel** versehen sein.

Der Anhang der Verordnung definiert die **Klassen C0 bis C4** für die **offene Kategorie** sowie **C5 und C6** für Anwendungen in der **speziellen Kategorie**. Die Klassifizierung richtet sich nach dem Gewicht, den technischen Eigenschaften und den daraus resultierenden Betriebsrisiken.

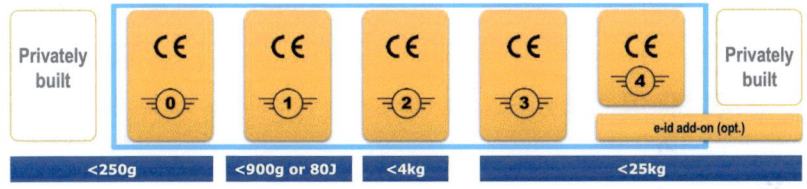

Quelle: Europäische Kommission (2018)

In Kombination mit der Durchführungsverordnung (EU) 2019/947 können die Klassen **C0 bis C4** in den entsprechenden Unterkategorien der offenen Kategorie eingesetzt werden.

Übersicht der UAS-Klassen:

- **C0:** Max. 250 g, elektrobetrieben, max. Geschwindigkeit 19 m/s, maximale Flughöhe 120 m, keine scharfen Kanten, einfache Anforderungen.

- **C1:** Max. 900 g, elektrobetrieben, max. 19 m/s, Flughöhe auf 120 m einstellbar, physikalische Seriennummer, Fernidentifizierung, Geo-Sensibilisierungssystem, Schallleistungspegel u. a.

- **C2:** Max. 4 kg, elektrobetrieben, erhöhte mechanische Festigkeit, Langsamflugmodus, einstellbare maximale Flughöhe, Sicherheitsfeatures wie bei C1.

- **C3:** Max. 25 kg, elektrobetrieben, robuste Bauweise, Langsamflugmodus, Sichtbarkeitslichter für Nachtflüge, identische Sicherheits- und Identifizierungsmerkmale wie C2, jedoch für größere Geräte.

- **C4:** Max. 25 kg, ohne umfangreiche technische Anforderungen – geeignet für manuelle Steuerung ohne Automatisierung.

- **C5 und C6:** Diese Klassen orientieren sich an den **Standardszenarien STS-01** und **STS-02** für die spezielle Kategorie. Sie gelten seit Mai 2020 und setzen spezielle technische Merkmale und Betriebsanforderungen voraus.

Übergangsregelung/Bestandsdrohnen/Altgeräte:

Geräte, die **vor dem 31.12.2023** auf den Markt gebracht wurden und nicht den oben genannten Klassifizierungen entsprechen, dürfen gemäß den Übergangsbestimmungen der Durchführungsverordnung weiterhin betrieben werden. Allerdings unterliegen sie – trotz vergleichbarer Eigenschaften – **strengeren Betriebsbeschränkungen**.

So dürfen UAS unter 250g in der offenen Kategorie A1 betrieben werden, sobald sie schwerer sind nur noch in der offenen Kategorie A3.

4.2.5 Spezielle UAS für BOS

Es ist davon auszugehen, dass viele BOS nur über begrenzte Haushaltsmittel für die Beschaffung von UAS verfügen. Daher greifen sie häufig auf modifizierte Konsumer-UAS oder speziell für den BOS-Einsatz entwickelte Systeme zurück.

Einige Hersteller bieten hierfür speziell ausgestattete Modelle an – beispielsweise mit ab Werk integrierten Wärmebildkameras.

5 Wirtschaft, Einsatzgebiete und Akzeptanz

In diesem Abschnitt werden zentrale wirtschaftliche Eckdaten sowie potenzielle Einsatzgebiete unbemannter Luftfahrzeugsysteme (UAS) vorgestellt. Besonderes Augenmerk liegt auf ausgewählten Einsatzszenarien, die speziell für Behörden und Organisationen mit Sicherheitsaufgaben (BOS) von Relevanz sind.

Aufgrund der äußerst dynamischen Entwicklung in diesem Bereich entstehen in kurzen Abständen kontinuierlich neue Anwendungen und Verbesserungen bestehender Systeme. Eine abschließende und vollständige Aufzählung aller Nutzungsmöglichkeiten ist daher kaum möglich.

Der **zivile Markt** für unbemannte Luftfahrzeugsysteme stellt mittlerweile einen bedeutenden Wachstumsbereich innerhalb der Luftfahrt dar. UAS gelten seit einigen Jahren als die am stärksten wachsende Kategorie von Luftfahrzeugen.

Der nicht-militärische UAS-Markt lässt sich grundsätzlich in zwei Hauptbereiche unterteilen: einen **staatlichen** und einen **nichtstaatlichen** Sektor.

Im staatlichen Bereich wird zwischen **sicherheitsbezogenen Einsätzen durch Sicherheitsbehörden** – wie Polizei, Küsten- oder Grenzschutz – sowie Einsätzen durch **Organisationen mit Sicherheitsaufgaben** – etwa Rettungsdienste, Sanitätsdienste und weitere Einrichtungen des Bevölkerungsschutzes – unterschieden. Darüber hinaus setzen auch **weitere**

Behörden, beispielsweise Vermessungs- oder Umweltbehörden, UAS für hoheitliche Aufgaben ein.

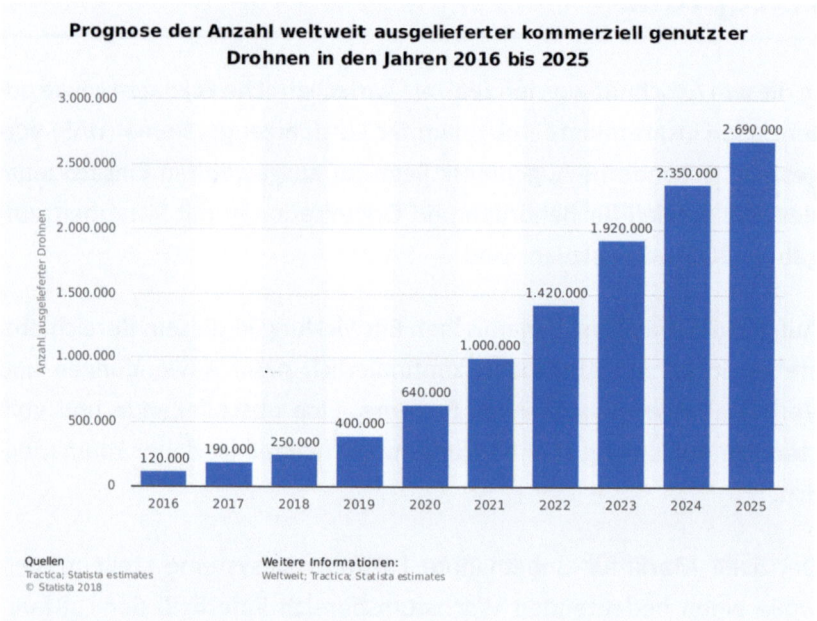

Quelle: Statista (2017) basierend Tractica

Eine im Jahr 2017 veröffentlichte Prognose sagt einen nahezu exponentiellen Anstieg der Nutzung kommerzieller UAS voraus:

Die Abbildung veranschaulicht diese Entwicklung anhand eines Wachstums von rund **120.000 kommerziell genutzten Systemen im Jahr 2016** auf voraussichtlich **2.690.000 Systeme im Jahr 2025** – ein Anstieg um den **Faktor 22**.

5.1 Einsatz von (Flug-)Robotern Übersicht

Unbemannte Luftfahrzeugsysteme (UAS), Robotersysteme und Maschinen kommen vor allem dort zum Einsatz, wo Aufgaben als **„Dull"** (eintönig), **„Dirty"** (schmutzig), **„Dangerous"** (gefährlich) oder **„Dear"** (kostenintensiv) gelten.

Gerade im BOS-Kontext übernehmen UAS vor allem Aufgaben aus den Bereichen **„Dirty"** und **„Dangerous"**. Sie erhöhen die Sicherheit der Einsatzkräfte und verbessern durch Luftbilder die Lageübersicht und Einsatzplanung.

Die Einsatzbereiche von UAS lassen sich grob in **staatliche** und **nichtstaatliche** Anwendungen unterteilen. In dieser Arbeit liegt der Schwerpunkt auf den **staatlichen, nicht-militärischen Einsatzfeldern**, während nichtstaatliche Anwendungsbereiche nur exemplarisch dargestellt werden, um einen Überblick über die Bandbreite möglicher UAS-Nutzungen zu geben.

5.2 Nichtstaatliche Einsätze

Im Bereich nichtstaatlicher Einsätze besteht eine große Bandbreite an Anwendungsmöglichkeiten für unbemannte Luftfahrzeugsysteme. Die folgenden Einsatzbereiche haben sich bereits etabliert oder gewinnen künftig zunehmend an Bedeutung:

- **Agrar- und** Forstwirtschaft: Unter dem Begriff Precision Farming fallen vielfältige Anwendungen wie Bewässerungs- und Wachstumskontrolle, Schädlingsbekämpfung (z. B. Maiszünsler), künstliche Bestäubung, Düngerausbringung, Wildschadenerfassung oder Rehkitzrettung. Weltweit zählt die Landwirtschaft zu den größten und am stärksten wachsenden UAS-Märkten.

- **Baugewerbe:** UAS werden für Aufmaß, Baufortschrittsdokumentation sowie die Inspektion von Fassaden und Dächern (z. B. auf Wärmebrücken oder Baumängel) eingesetzt. Das spart Zeit und Kosten – Gründe, warum dieser Sektor zu den Top 5 der weltweiten UAS-Anwendungsfelder zählt.

- **Forschung:** UAS unterstützen wissenschaftliche Arbeiten in Bereichen wie Archäologie, Umweltbeobachtung (z. B. Vulkane, Hochwasser) oder Robotik. Sie sind mittlerweile fester Bestandteil vieler Forschungsprojekte weltweit.

- **Immobilien und Denkmalschutz:** UAS ermöglichen Inspektionen schwer zugänglicher Gebäudeteile, Schadensdokumentation und attraktive Luftaufnahmen zur Verkaufsförderung.

- **Luftbilderstellung und Filmproduktion:** UAS ersetzen zunehmend teure Hubschraubereinsätze in der Filmbranche. Sie liefern durch Gimbalsysteme verwacklungsfreie Bilder – von Hochzeitsfotografie bis Kinoproduktion.

- **Medien und Berichterstattung:** Luftaufnahmen sind heute Standard in Nachrichten und Dokumentationen. UAS ermöglichen dynamische Perspektiven mit geringem Aufwand.

- **Transport, Logistik und medizinische Versorgung:** Erste Pilotprojekte – etwa durch die Firma *Manna* in Irland – zeigen das Potenzial von Lieferdrohnen. Auch für schwer erreichbare Gebiete, Inseln oder Hochseeeinsätze werden UAS künftig eine größere Rolle spielen. In Megastädten könnten sie Teil künftiger mehrschichtiger Mobilitätskonzepte werden.

- **Umweltschutz:** UAS werden zur Überwachung von Klima, Gewässern, Wäldern und Tierpopulationen eingesetzt. Anwendungen reichen von der Erfassung von Sturmschäden und illegaler Abholzung bis zur Planung von Aufforstung und Wildtierrettung.

- **Unterhaltung und Werbung:** UAS finden zunehmend Einsatz in Werbeformaten und Lichtshows – etwa als Drohnenshows als Alternative zu Feuerwerk.

- **Vermessung:** Ein zentrales Einsatzfeld in Deutschland. UAS liefern präzise, hochauflösende Daten für 3D-Modelle, Geländeanalysen und Planungsprozesse – effizienter und günstiger als klassische Luft- oder Satellitenbilder.

- **Wartung, Inspektion und Gutachten:** Besonders bei großen Anlagen, schwer zugänglichen Bereichen (z. B. Offshore-Windparks, Bahnanlagen, Versorgungsleitungen) bieten UAS eine flexible und kosteneffiziente Lösung für die Zustandskontrolle.

5.3 Einsätze durch Behörden, sowie Organisationen mit Sicherheitsaufgaben im Rahmen

Beim behördlichen Einsatz unbemannter Luftfahrzeugsysteme (UAS) lässt sich grundsätzlich zwischen **militärischen** und **nichtmilitärischen** Anwendungen unterscheiden. Gemäß § 30 Luftverkehrsgesetz (LuftVG) genießen Militär und Polizei im Rahmen ihrer Aufgabenwahrnehmung weitergehende Ausnahmen von luftverkehrsrechtlichen Vorschriften als andere Behörden. Für letztere – einschließlich Organisationen mit Sicherheitsaufgaben (BOS) – gelten insbesondere die Regelungen des § 21k Luftverkehrs-Ordnung (LuftVO).

Die konkreten Einsatzmöglichkeiten von UAS hängen stark von der **Aufbauorganisation** der jeweiligen Behörde ab. Vor allem Kommunalverwaltungen verfügen häufig über ein breites Aufgabenspektrum, das auch kommunale Eigenbetriebe wie Deponien oder Krankenhäuser umfasst. Diese sind in der Regel privatwirtschaftlich organisiert und gelten nicht als Behörden im engeren Sinne.

Dank ihrer modularen Bauweise und flexiblen Ausstattung eignen sich UAS für eine Vielzahl von Einsatzszenarien im BOS-Bereich. Sie können unter anderem mit folgenden Nutzlasten ausgerüstet werden:

- **Optische Sensorik** (z. B. visuelle Kameras, Wärmebildkameras)

- **Passive Sensoren** (z. B. Infrarot, Thermografie)

- **Aktive Sensoren** (z. B. Ultraschall, Radar, Lidar)

- **Kommunikationstechnik** zur Übertragung von Daten oder Sprachverbindungen

Zu den **zentralen Einsatzfeldern** zählen vor allem die **Lagefeststellung, Lagedarstellung und Dokumentation** sowie die **Detektion** von Gefahrenstellen, Emissionen oder vermissten bzw. betroffenen Personen. Diese Anwendungen bilden das Rückgrat vieler BOS-Einsätze mit UAS.

5.3.1 Erkundung, Lagebild und Einsatzdurchführung

Unbemannte Luftfahrzeugsysteme (UAS) bieten bei großflächigen Schadenslagen – etwa Hochwasser, Waldbränden, Erdbeben, Explosionen oder Stürmen – erhebliche Vorteile bei der schnellen Lageerkundung aus der Luft. Sie ermöglichen eine zügige Ersteinschätzung des Schadensausmaßes und liefern wertvolle Daten für die Erstellung von Lagebildern.

Quelle: FFW Bad Harzburg (2020)

Livebilder unterstützen Einsatzleitungen dabei, taktische Entscheidungen in Echtzeit zu treffen und dynamisch an die Lageentwicklung anzupassen. Je nach Flughöhe und eingesetzter Sensorik (z. B. Video-, Wärme- oder Spektralkameras) lassen sich sowohl großflächige Übersichten als auch hochauflösende Detailaufnahmen erstellen.

Im **Tiefflugbereich** bieten UAS gegenüber Hubschraubern den Vorteil geringerer Risiken – sowohl für das Gerät als auch für die Umgebung. Zusätzlich können Vermessungsdrohnen im Nachgang präzise Geländemodelle liefern, etwa zur Dokumentation oder Einsatznachbereitung. Datenschutzaspekte sind bei hochauflösenden Aufnahmen und Livestreams jedoch stets zu berücksichtigen.

Auch bei **präventiven Lagen** wie Großveranstaltungen (z. B. Konzerte, Volksfeste oder Sportereignisse) leisten UAS wertvolle Dienste: Sie ermöglichen die Erfassung von Gelände, Infrastruktur und Fluchtwegen, oft in wenigen Minuten. Die visuelle Ergänzung vorhandener Pläne erleichtert die Lagebeurteilung und Einsatzplanung erheblich.

Bei **Wald- oder Moorbränden** helfen UAS, Glutnester zu lokalisieren und gezielte Löschmaßnahmen einzuleiten. Beim Brand von Notre-Dame 2019 wurden UAS zur Erfassung kritischer Strukturen im Dachstuhl eingesetzt – ein Beispiel für ihren Nutzen auch in städtischen Brandlagen.

Weitere Einsatzfelder sind das Aufspüren von **Ölteppichen**, etwa auf Seen wie dem Bodensee, sowie die Unterstützung bei **Bombenentschärfungen** oder **Hochrisikoeinsätzen**: In Sachsen wurde bei einer Bombenentschärfung ein Löschroboter aus der Luft koordiniert, nachdem sich ein Brand entzündet hatte.

In besonders großen Einsatzgebieten könnten künftig mehrere UAS als **Schwarm** eingesetzt werden – zur gleichzeitigen Erfassung von Livebildern, Thermografie- und Geländedaten für eine umfassende Lageübersicht.

5.3.2 Dokumentation des Einsatzes bzw. Einsatzortes

Unbemannte Luftfahrzeugsysteme (UAS) bieten eine kostengünstige Alternative oder Ergänzung zu Hubschraubern bei der Dokumentation und Nachbereitung von Einsätzen. Sie ermöglichen z. B. **Vorher-Nachher-Vergleiche** oder die **Erfassung von Schäden** aus der Luft.

Bei **Verkehrsunfällen** helfen Luftbilder, Unfallursachen zu ermitteln sowie Spuren, Trümmerteile und Schäden zu dokumentieren. Auch in der **Kriminaltechnik** kommen UAS zum Einsatz – etwa zur Rekonstruktion von Tatorten und zur Unterstützung bei der Aufklärung von Straftaten.

5.3.3 Suche von Personen und Tieren

UAS ermöglichen eine schnelle und effiziente Suche nach vermissten oder geflüchteten Personen – oft kostengünstiger und flexibler als Hubschrauber, die nicht immer sofort verfügbar sind.

Gerade in schwer zugänglichem oder gefährlichem Gelände – etwa nach Lawinen, Erdrutschen oder anderen Verschüttungen – bieten UAS einen entscheidenden Vorteil. Sie reduzieren das Risiko für Einsatzkräfte und Rettungshunde, die selbst verschüttet werden könnten.

Auch in der **Wildtierrettung** oder bei der Suche nach entlaufenen Haustieren werden UAS zunehmend eingesetzt.

In der **Wasserrettung** können Drohnen Personen in Seenot aus der Luft lokalisieren und bei Bedarf Rettungsmittel abwerfen – oft schneller und sicherer als Boote oder Rettungsschwimmer, insbesondere bei schwierigen Wetterbedingungen.

5.3.4 Detektion von Gefahrenstoffen

Neben Kameras können UAS auch mit Sensoren zur **Messung von Schadstoffen** ausgestattet werden. Sie ermöglichen das gezielte Durchfliegen von Rauch- oder Abgaswolken, um darin enthaltene Gefahrstoffe und deren Konzentrationen zu analysieren.

Beispiele hierfür sind der Nachweis illegaler Verbrennungen in Polen oder die Analyse von Rauchsäulen durch Feuerwehren zur Identifikation gefährlicher Substanzen. Auch die Kontrolle von Abgaswerten im Straßenverkehr ist möglich.

So lassen sich **frühzeitig Warnungen aussprechen** und ggf. **Evakuierungen einleiten**, bevor akute Gesundheitsgefahren entstehen.

5.3.5 Überwachung und Beobachtung

UAS eignen sich hervorragend zur Überwachung **kritischer Infrastrukturen** wie Gefängnissen, militärischen Anlagen, Flughäfen oder Grenzanlagen. Besonders **kabelgebundene Systeme** mit dauerhafter Stromversorgung ermöglichen einen kontinuierlichen Betrieb – etwa zur automatisierten Zaunüberwachung entlang definierter Routen.

Durch den Einsatz **künstlicher Intelligenz** können Auffälligkeiten und Störungen in Echtzeit erkannt werden. Auch bei **Veranstaltungen, Demonstrationen** oder **Versammlungen mit Gefährdungspotenzial** (z. B. Hooligans, extremistische Gruppen, Gefahrguttransporte wie Castor) liefern UAS wertvolle Lagebilder. In kritischen Situationen können sie einzelne Personen verfolgen oder Fluchtbewegungen erfassen.

Ein praktisches Beispiel: Während der **Corona-Pandemie** setzten Behörden in Italien (z. B. in der Lombardei) UAS zur Kontrolle der Hygienemaßnahmen ein. Innerhalb weniger Tage wurden über 92.000 Verstöße von Privatpersonen und mehr als 2.000 Regelverstöße durch Geschäfte dokumentiert.

5.3.6 Kommunikationsmittel

UAS können als **fliegende Relaisstationen** eingesetzt werden, um Funkverbindungen zu erweitern oder in entlegenen Gebieten eine temporäre Internet- oder Kommunikationsanbindung zu ermöglichen – besonders hilfreich für Einsatzkräfte in abgelegenen Regionen.

Mit **integrierten Lautsprechern** lassen sich Informationen und Warnhinweise direkt an die Bevölkerung übermitteln, z. B. in kontaminierten oder unzugänglichen Gebieten. Während der **Corona-Pandemie 2020** wurden entsprechende Systeme bereits in China, Italien und vereinzelt auch in Deutschland genutzt, um Menschen über Abstandsregeln oder Ausgangsbeschränkungen zu informieren.

In **Tokio** wurden UAS testweise im Katastrophenschutz zur Notfallkommunikation eingesetzt.

Auch in **medizinischen Notfällen** könnten UAS künftig Ersthelfer:innen per Lautsprecher mit lebensrettenden Anweisungen versorgen – etwa zur Anwendung eines Defibrillators oder zur Durchführung einfacher Erste-Hilfe-Maßnahmen. Gerade in abgelegenen Regionen könnten sie so deutlich schneller Hilfe leisten als klassische Rettungskräfte.

5.3.7 Logistik und Abwurf von Rettungsmitteln

Unbemannte Luftfahrzeugsysteme (UAS) können **Rettungs- und Kommunikationsmittel** schnell und zielgenau an Einsatzorte bringen – sowohl zur Unterstützung von Einsatzkräften als auch zur Rettung in Not geratener Personen.

So ist etwa der **Transport von Defibrillatoren** denkbar, um bei medizinischen Notfällen wertvolle Zeit zu gewinnen. In der **Seenotrettung** ermöglichen UAS das präzise **Abwerfen von Rettungsbojen, Schwimmhilfen oder Notfallausrüstung** – z. B. nachdem betroffene Personen zuvor per Wärmebildkamera lokalisiert wurden. Die DLRG Varel setzt UAS bereits ein, um im Watt eingeschlossene Personen mit aufblasbaren Rettungsgurten, Medikamenten, Kommunikationsmitteln oder Wasser zu versorgen.

Auch in der **humanitären Hilfe** kommen Drohnen zunehmend zum Einsatz – etwa für die Auslieferung von Medikamenten, Impfstoffen, Blutkonserven oder Lebensmitteln in schwer erreichbare Regionen, wie isolierte Almhütten, Inseln oder lawinenbedingt abgeschnittene Dörfer.

5.3.8 weitere Einsatzmöglichkeiten von BOS-UAS heute und morgen

Weitere Einsatzarten sind für BOS grundsätzlich denkbar, spielen in Deutschland derzeit jedoch noch eine untergeordnete Rolle.

- **Aufspüren illegaler Drogenanbauflächen:** UAS können zur verdeckten Erkundung von Arealen hinter Sichtschutz (z. B. Hecken, Mauern) eingesetzt werden, etwa zur Lokalisierung von Hanfplantagen oder Mohnfeldern.

- **Minendetektion und Entschärfung:** In ehemaligen Konfliktgebieten lassen sich Anti-Personen-Minen mithilfe spezieller Sensorik (z. B. Radar) aus der Luft erkennen und auch entschärfen– eine sichere Alternative zur konventionellen Räumung.

- **Zukunftsszenarien im Rettungsdienst:** Notärzte könnten per „Drohnentaxi" schneller an Einsatzorte gelangen – insbesondere in Städten oder abgelegenen Regionen. Auch der Patiententransport per UAS als Ergänzung zu Rettungswagen oder Hubschrauber ist denkbar.

- **Transport medizinischer Proben und Blutkonserven:** UAS könnten in Ballungszentren zeitkritische Transporte beschleunigen – z. B. von Blutkonserven oder Gewebeproben zwischen Kliniken und Laboren.

- **Einsatzdokumentation und Übungsauswertung:** Drohnenaufnahmen bieten neue Perspektiven bei Einsatzübungen, decken Schwachstellen auf und helfen, Abläufe künftig zu optimieren.

- **Luftgestützte Observation vor Zugriffen:** UAS können zur Lageaufklärung vor polizeilichen Zugriffen genutzt werden – etwa zur Erfassung von Fluchtwegen, Gefahrenstellen oder der Position von Zielpersonen.

5.3.9 Behördliche Einsatzgebiete außerhalb des Bevölkerungs- und Katastrophenschutzes

Auch außerhalb von Bevölkerungs- und Katastrophenschutz bieten sich für UAS zahlreiche Einsatzmöglichkeiten – insbesondere auf **kommuna-**

ler Ebene. Kommunen übernehmen Aufgaben, die über klassische Verwaltungstätigkeiten hinausgehen, z. B. in den Bereichen **Grünpflege, Landschaftsschutz, Stadtmarketing** oder **Gebäudemanagement**.

Grundsätzlich könnten viele der in Abschnitt 5.2 genannten Einsatzarten auch von kommunalen Behörden übernommen werden, sofern sie im **eigenen Wirkungskreis** liegen. Behördliche Einsätze „ohne Blaulicht" sind in der Regel nicht von den Sonderrechten für BOS umfasst und müssen durch die zuständige Luftfahrtbehörde genehmigt werden. Folgende Anwendungen kommen für kommunale Behörden potenziell in Betracht:

- **Bauleitplanung:** UAS können durch Luftbilder und Geländemodelle die Planung von Hoch- und Tiefbauprojekten unterstützen – etwa zur Einbettung von Einzelmaßnahmen in den Gesamtplan oder zur Erfassung topografischer Gegebenheiten. Auch der Baufortschritt und die Stadtentwicklung lassen sich so dokumentieren.

- **Denkmalschutz:** UAS ermöglichen eine effiziente Bestandsaufnahme und Dokumentation historischer Bauwerke – auch an schwer zugänglichen Stellen.

- **Inspektion und Gebäudemanagement:** Zur Wartung städtischer Gebäude können Drohnen Dächer, Regenrinnen oder Wärmebrücken kontrollieren und Sanierungsbedarfe erkennen. Auch Bau- und Ordnungsämter können UAS zur Überprüfung privater Gebäude oder Versorgungsleitungen (z. B. Strom, Fernwärme) einsetzen.

- **Veranstaltungsplanung:** Luftbilder helfen bei der Vorbereitung von Sicherheitskonzepten für Großveranstaltungen – etwa zur Visualisierung von Fluchtwegen oder Gefahrenstellen.

- **Verkehrszählung und Verkehrsplanung:** Drohnen ermöglichen Video-basierte Verkehrszählungen auf mehrspurigen Straßen und helfen, kritische Punkte für die Verkehrsplanung zu identifizieren.

- **Kommunales Marketing:** Luftbilder können touristisch relevante Orte oder Baugebiete ansprechend darstellen und zur Imagepflege oder Vermarktung der Kommune genutzt werden.

5.3 Umfragen zur Nutzung und Akzeptanz von UAS bei Nutzung durch BOS

Fraglich bleibt, ob die zuvor genannten Einsatzmöglichkeiten von UAS bei **BOS** und in der **Bevölkerung** auf ausreichende **Akzeptanz** stoßen.

5.3.1 Akzeptanz innerhalb von Behörden und Organisationen mit Sicherheitsaufgaben

Im Rahmen einer Befragung wurden 104 Vertreter:innen von Behörden und Organisationen mit Sicherheitsaufgaben (BOS) zur Nutzung von UAS befragt. Die meisten Teilnehmenden kamen von **Feuerwehren (47), dem DRK (20)** und **Polizeien (14)** – ein Hinweis auf die Hauptnutzergruppen.

Geografisch verteilten sich die Teilnehmenden vorrangig auf die Bundesländer **Hessen (22), Bayern (18), NRW (17), Baden-Württemberg**

(13) und **Niedersachsen (9)**. In den neuen Bundesländern (ohne Berlin) waren UAS weniger verbreitet – hier nahmen nur 14 Personen teil.

Zentrale Ergebnisse:

- **64 %** der Befragten stammen aus Organisationen mit über 100 Mitarbeitenden.

- Ebenfalls **64 %** setzen bereits UAS ein – meist für **Foto-, Video- und Wärmebildaufnahmen** unter 100 m Flughöhe und **in Sichtweite** zur **Lageerkundung**.

- **Transportaufgaben** oder der Einsatz spezieller Sensorik sind derzeit selten, vermutlich aufgrund hoher Anschaffungs- und Betriebskosten.

Nutzung und Technik:

- **86 %** nutzen UAS wöchentlich oder monatlich.

- **67 %** verfügen über **1–5 UAS** mit mehreren Fernpilot:innen.

  - Die meisten UAS wiegen **250 g bis 5 kg** und stammen von **DJI** oder **Yuneec** (Multikopter).

  - **91 %** zeigen sich zufrieden – kritisiert wurden vor allem **begrenzte Akkulaufzeiten, Wetterempfindlichkeit** und **mangelnde Ausfallsicherheit**.

Probleme & Schulung:

- Bei fast **50 %** kam es zu **Abstürzen** – durch Bedienfehler, Turbulenzen oder Technikversagen.

- Fast alle BOS legen Wert auf **Qualifikation**:

  o ⅓ besitzen offizielle Kenntnisnachweise

  o ½ bilden sich regelmäßig fort – z. B. nach BBK-Empfehlungen oder im Flugsimulator.

Die Umfrage zeigt eine breite Akzeptanz und zunehmende Professionalisierung in der BOS-UAS-Nutzung – bei gleichzeitigem Optimierungsbedarf in Technik, Robustheit und Finanzierung.

Vorteile	Nachteile
Ersparnis und Betriebslautstärke im Vergleich zu Hubschraubern	Hohe Anfälligkeit für technisches Versagen
Schnelle Lagebilddarstellung aus ungewöhnlichen Perspektiven und Informationsgewinnung	Hoher Aufwand für die Qualifizierung, da Geräte komplexer als vermutet
Gefährdungsminimierung des Personals	Abhängigkeit von der Witterung

Schnelle Beweissicherung	Kurze Betriebsdauer
Gutes Kosten/Nutzen-Verhältnis	

Quelle: Eigene Darstellung nach DRONIQ (2020)

Damit UAS dauerhaft im Regelbetrieb von Behörden und Organisationen mit Sicherheitsaufgaben (BOS) eingesetzt werden können, müssen bestehende Schwächen wie **begrenzte Akkulaufzeit, Wetterempfindlichkeit** und **fehlende Ausfallsicherheit** behoben werden.

Die Befragten fordern außerdem:

- Klarere gesetzliche Regelungen,

- standardisierte Qualifizierungen für Fernpilot:innen,

- leichte Bedienbarkeit und flexible Einsatzmöglichkeiten,

- sowie erweiterte Sicherheitsfeatures (z. B. Sichtbarkeit im Luftverkehr, Anti-Kollisionssysteme, Transponder).

Wünschenswert sind zudem Geräte, die **nachtflugtauglich** sind, **Wärmebildtechnik** unterstützen und in verschiedensten Lagen einsetzbar bleiben.

Besondere Bedeutung hat die **Aus- und Fortbildung**: Diese sollte möglichst **standardisiert**, aber **in Eigenverantwortung der BOS** erfolgen – insbesondere, da viele Einsatzkräfte **ehrenamtlich** tätig sind und die Qualifikation oft den größten Aufwand darstellt.

Ein praxisnahes Modell bietet das Konzept **EGRED** (*Empfehlungen für Gemeinsame Regelungen zum Einsatz von Drohnen im Bevölkerungsschutz*), das sich intensiv mit Betrieb und Ausbildung im BOS-Kontext befasst.

5.3.2 Akzeptanz von UAS in der Bevölkerung

Während BOS den Einsatz von UAS überwiegend positiv bewerten, zeigt sich die Bevölkerung deutlich zurückhaltender. Zwei Studien – vom **Bundesverband der Deutschen Luftverkehrswirtschaft (BDL)** und dem **Deutschen Zentrum für Luft- und Raumfahrt (DLR)** – liefern vergleichbare Ergebnisse.

- **95 %** der Befragten kennen den Begriff „Drohne", verbinden ihn jedoch häufig mit negativen Assoziationen:

  - **30 %** befürchten laut DLR Spionage,

  - **84 %** laut BDL eine Gefährdung der Privatsphäre,

  - **77–89 %** kriminelle Taten oder Anschläge,

  - **76 %** Unfälle,

  - **52–53 %** Lärmbelästigung. Frauen und weniger informierte Personen zeigten sich besonders kritisch.

Besonders skeptisch sind die Befragten gegenüber:

- UAS als Spielzeug,

- zur Luftbilderstellung,

- oder zur Paketzustellung.

Mit steigender **Bevölkerungsdichte** nimmt die Zustimmung ab – wohl wegen der höheren wahrgenommenen Störpotenziale.

Positiver bewertet wird der Einsatz durch **BOS**:

- **88–91 %** befürworten Einsätze bei Naturkatastrophen und im Zivilschutz,

- **75 %** medizinische Transporte,

- **66 %** würden sogar einem Überflug ihres Grundstücks zustimmen – bevorzugt tagsüber und in mindestens 20 m Höhe.

Die allgemeine Akzeptanz von UAS stagniert (2016–2018), doch **gezielte Öffentlichkeitsarbeit** kann die Zustimmung zu BOS-Einsätzen nachweislich erhöhen.

6 Europäische Regeln für den Betrieb von UAS durch BOS

Wie bereits erwähnt, wird der Betrieb von UAS maßgeblich durch **europäische Regelungen** bestimmt. Zwar räumt **Artikel 2 (3) der Basisverordnung (EU) 2018/1139** Behörden und Organisationen mit Sicherheitsaufgaben (BOS) **Sonderrechte** ein, dennoch müssen die **Sicherheitsziele der EU-Verordnungen** eingehalten werden.

Für BOS bedeutet das: Jeder Einsatz muss **sorgfältig abgewogen** werden und sollte sich – soweit möglich – **an den geltenden Regelungen orientieren.**

6.1. Basisverordnung (EU) 2018/1139

Die **Verordnung (EU) 2018/1139**, auch als **Basisverordnung** bezeichnet, bildet die zentrale rechtliche Grundlage für die europäische Luftfahrt. Sie definiert den regulatorischen Rahmen sowohl für die **bemannte** als auch für die **unbemannte Luftfahrt** und überträgt wesentliche Zuständigkeiten an die **Europäische Agentur für Flugsicherheit (EASA).**

Mit dieser Verordnung wurde erstmals ein **einheitlicher Rechtsrahmen für UAS unter 150 kg** auf europäischer Ebene geschaffen. Damit unterliegen auch zivile Drohnen, die zuvor national geregelt waren, nun einer **europaweiten Harmonisierung.**

Die Basisverordnung verfolgt klare **Sicherheitsziele** und formuliert Anforderungen an Konstruktion, Betrieb, Wartung und Ausbildung. Sie schafft zudem die rechtliche Grundlage für die nachfolgenden **Durchführungs- und Delegiertenverordnungen**, insbesondere:

- die Delegierte Verordnung (EU) 2019/945 (Herstelleranforderungen),

- sowie die Durchführungsverordnung (EU) 2019/947 (Betriebsregeln für UAS).

Für **BOS** sieht Art. 2 Abs. 3 der Basisverordnung **Ausnahmen** vor, sofern der Einsatz im Rahmen hoheitlicher Aufgaben erfolgt. Dennoch gilt: Die grundlegenden **Sicherheitsanforderungen** müssen berücksichtigt werden, und der Betrieb soll sich – soweit möglich – an den allgemeinen Regelungen orientieren.

6.2 Delegierte Verordnung (EU) 2019/945

Die **Delegierte Verordnung (EU) 2019/945** richtet sich in erster Linie an **Hersteller und Händler** von unbemannten Luftfahrzeugsystemen (UAS) sowie an Anbieter von **Zusatzgeräten zur Fernidentifikation.**

Sie enthält verbindliche **Anforderungen an Konstruktion, Herstellung und Instandhaltung** von UAS, insbesondere für solche, die in der **offenen Kategorie** betrieben werden. Dazu zählen u. a. Vorschriften zu:

- **Bauart und Sicherheit** der Systeme,

- **Kennzeichnungspflichten** (z. B. CE-Kennzeichen, Klassenkennzeichnung C0–C6),

- sowie zu **technischen Mindeststandards** wie Geo-Sensibilisierung, Begrenzung der Flughöhe, Seriennummern und Schallleistungspegel.

Darüber hinaus legt die Verordnung fest, dass bestimmte Systeme und Komponenten einer **Zulassungspflicht** unterliegen – insbesondere dann, wenn sie sicherheitsrelevante Funktionen erfüllen oder im Rahmen komplexerer Einsätze verwendet werden.

Die Vorgaben der Delegierten Verordnung (EU) 2019/945 betreffen **BOS in der Regel nur am Rande** – insbesondere dann, wenn der Einsatz **nicht im Rahmen von Sicherheits- oder Katastrophenschutzaufgaben** erfolgt, sondern z. B. zu **Zwecken der Öffentlichkeitsarbeit** oder bei **verwaltungsinternen Anwendungen** ohne hoheitlichen Charakter.

Da diese Fälle eine **untergeordnete Relevanz** für den BOS-Alltag haben, wird an dieser Stelle lediglich ein **kurzer Überblick über die zentralen Kriterien** gegeben.

Folgende Anforderungen und Pflichten werden in der Verordnung (EU) 2019/945 festgesetzt:

Da die Anforderungen der Verordnung für BOS meist nur im Ausnahmefall relevant sind, folgt hier lediglich ein kompakter Überblick:

- **Offene Kategorie:** Die Anforderungen für Geräte der offenen Kategorie sind in den Teilen 1 bis 6 des Anhangs geregelt:

    o **Teile 1–5** betreffen die UAS-Klassen **C0 bis C4** (siehe Abschnitt 4.2.4),

    o **Teil 6** regelt die Anforderungen an **Zusatzgeräte zur Fernidentifikation.**

Quelle: EASA (2019d

- **Spezielle Kategorie:** UAS der speziellen Kategorie (z. B. C5 und C6) müssen die technischen Vorgaben erfüllen, die in der Betriebsgenehmigung, im genutzten Standardszenario oder im LUC-Zertifikat (Light UAS Operator Certificate) festgelegt sind.

- **Zulassungspflichtige Kategorie:** Für UAS mit besonders hohem Risikopotenzial gelten weiterführende Anforderungen. Diese Kategorie betrifft Systeme, die z. B.:

  o eine Spannweite ab 3 Metern haben,

  o über Menschenansammlungen betrieben werden,

  o zur Beförderung von Personen oder Gefahrgut bestimmt sind,

  o oder deren Betriebsrisiko ohne spezifische Zulassung nicht ausreichend beherrscht werden kann.

Ein zulassungspflichtiges UAS muss zusätzlich die Anforderungen erfüllen, die in den Verordnungen (EU) **Nr. 748/2012, Nr. 640/2015** und **Nr. 1321/2014** festgelegt sind.

Die in diesem Abschnitt beschriebenen Betriebskategorien – **offen, speziell** und **zulassungspflichtig** – unterliegen jeweils unterschiedlichen Regelungen, die in der **Durchführungsverordnung (EU) 2019/947** sowie im zugehörigen, nicht bindenden **Begleitmaterial (AMC und GM)** definiert und konkretisiert werden.

6.3 Durchführungsverordnung (EU) 2019/947

Auch in diesem Zusammenhang gilt: Behörden mit Sicherheitsaufgaben sowie Organisationen mit Sicherheitsaufgaben (BOS) sind gemäß Art. 2 Abs. 3 der Basisverordnung (EU) 2018/1139 bei der Wahrnehmung hoheitlicher Aufgaben formell nicht an die zivilen EU-Regelungen gebunden.

Bei Einsätzen ohne Sicherheitsbezug – etwa im Rahmen allgemeiner Verwaltungstätigkeiten – können die europäischen Regeln Anwendung finden, wenn auch nicht zwingend in vollem Umfang. In jedem Fall kann Kenntnis der allgemeinen Regelungen eine hilfreiche Orientierung für die korrekte Ermessensausübung darstellen.

Die Durchführungsverordnung (EU) 2019/947, oft auch als EU-Drohnenverordnung bezeichnet, basiert auf einem risikobasierten Ansatz und dient der Harmonisierung des bemannten und unbemannten Luftverkehrs innerhalb der EU.

Sie enthält sowohl allgemeine Vorschriften, die für alle Betriebskategorien gelten, als auch spezifische Regelungen für die Kategorien offen, speziell und zulassungspflichtig sowie deren jeweilige Unterkategorien.

Darüber hinaus haben die Mitgliedstaaten die Möglichkeit, die EU-Regeln durch nationale Vorschriften zu ergänzen oder ortsbezogene Regelungen in sogenannten Geozonen festzulegen.

6.3.1 Generelles

Die Verordnung unterscheidet zwischen den Betriebskategorien **offen, speziell** und **zulassungspflichtig**, legt jedoch auch **allgemeine Grundsätze** fest, die **kategorieübergreifend** gelten:

- **Mindestalter:** Für die **offene und spezielle Kategorie** gilt ein Mindestalter von **16 Jahren**. Mitgliedstaaten dürfen dieses für die offene Kategorie auf **12 Jahre** absenken. Für die **zulassungspflichtige Kategorie** orientiert sich das Mindestalter an der bemannten Luftfahrt (z. B. **16 Jahre** im Segelflug, **17 Jahre** im Motorflug).

- **Registrierung und Kennzeichnung: Betreiber:innen von UAS über 250 g** oder mit **Sensorik zur Datenerfassung** (bspw. Kamera) müssen sich **digital registrieren (dies erfolgt beim LBA)**. Die zugewiesene Registrierungsnummer ist **sichtbar am UAS** anzubringen und im Fernidentifizierungssystem einzupflegen.

- **Pflichten für UAS-Betreiber:innen (gemäß UAS.OPEN.050 / UAS.SPEC.050):**

   Betreiber:innen sind verpflichtet,

   o geeignete **Betriebsverfahren** zu definieren,

   o **qualifizierte Fernpilot:innen** für jeden Einsatz zu benennen,

   o sicherzustellen, dass sich **keine unbeteiligten Personen** im Einsatzgebiet befinden, o   und ein **Flugbuch** zu führen.

- **Pflichten für Fernpilot:innen (gemäß UAS.OPEN.060 / UAS.SPEC.060).**

    Fernpilot:innen müssen:

    o   über die notwendigen Kompetenzen verfügen,

    o   sich über Geozonen informieren,

    o   die vorgegebenen Betriebsverfahren einhalten,

    o   das Einsatzgebiet beobachten,

    o   in Sichtweite fliegen,

    o   den Betrieb bei Gefahr für Menschen oder Umwelt abbrechen,

    o   und Notfalleinsätze nicht beeinträchtigen.

Auch wenn BOS formal von diesen Pflichten befreit sind, sollten verantwortliche BOS-Fernpilot:innen die genannten Vorgaben im Rahmen der Flugvorbereitung kennen und bei der Ermessensausübung angemessen berücksichtigen.

Mitgliedstaaten können auf nationaler Ebene sogenannte **Geozonen** festlegen, um den **Betrieb von UAS einzuschränken oder zu erleichtern**. Diese Anpassungen innerhalb der **offenen Kategorie** müssen in einem **einheitlichen digitalen Format** veröffentlicht werden, damit Fernpilot:innen sie bei der **Flugvorbereitung** berücksichtigen können.

Die nationalen Geozonen sind in §21h Abs. 3 LuftVO geregelt und werden in der Digitalen Plattform Unbemannte Luftfahrt (DIPUL) dargestellt.

BOS sind gem. §21k LuftVO von Geozonen befreit. Jedoch sollten die Befreiungen möglichst restriktiv genutzt werden und der UAS-Betrieb nah am Gesetzestext erfolgen.

6.3.2 Die offene Kategorie

In der **offenen Kategorie** darf der Betrieb von UAS **ohne gesonderte Erlaubnis** erfolgen – vorausgesetzt, bestimmte **Rahmenbedingungen** werden eingehalten und **geeignete Fluggeräte** verwendet.

Die Kategorie gliedert sich in **drei Unterkategorien** und erlaubt den Einsatz von UAS bis **maximal 25 kg**, sofern diese der **Klassen C0 bis C4** der **Delegierten Verordnung (EU) 2019/945** oder den **Übergangsregelungen** entsprechen.

Weitere Voraussetzungen:

- **Kein Transport gefährlicher Güter.** Der Transport von Explosivstoffen, pyrotechnischen Gegenständen, radioaktiven Stoffen, gefährlichen Stoffen und Gemischen gemäß § 3 der GefStoffV, Biostoffen der Risikogruppen 2 bis 4 gemäß § 3 Abs. 1 der Biostoffverordnung sowie von Substanzen, die bei Abwurf oder Freisetzung Panik, Furcht oder Schrecken hervorrufen können, ist verboten.

Der Begriff „gefährliche Güter" wird unter anderem in § 76 LuftVZO legal definiert und dürfte auch im Kontext von § 21b Abs. 1 Nr. 11 LuftVO Anwendung finden. Darunter fallen etwa Waffen,

Sprengstoffe, leicht entzündliche Stoffe und vergleichbare gefährliche Materialien.

> BOS können auch von diesem Verbot abweichen. Jedoch kann es für BOS, die nicht Polizei oder Militär sind, zu einer Normenkollision mit anderen Erlaubnispflichten, z.b. des § 27 Abs. 1 LuftVG, kommen und eine Straftat bedeuten.

- **Kein Einsatz über Menschenansammlungen.**

Auch BOS sollten beim Einsatz den direkten Überflug von Menschenansammlungen oder Einsatzkräften vermeiden, damit durch das UAS keine zusätzliche Gefahr oder Gefährdung geschaffen wird. Auch Einzelpersonen sollten nur bedingt überflogen werden

- Einsatz nur **in Sichtweite** (VLOS), Ein Betrieb gilt als außerhalb der Sichtweite (BVLOS), wenn Fernpilot:innen das unbemannte Fluggerät ohne besondere optische Hilfsmittel (z. B. Fernglas oder Telemetrie – nicht jedoch Brillen) nicht mehr sehen oder seine Fluglage nicht eindeutig erkennen können.

Für BOS gilt zwar eine Ausnahme, dennoch sollte eine gründliche Risikobewertung erfolgen. Bereits das kurzzeitige Umfliegen eines Gebäudes oder Turms – etwa zur Lagebilderstellung – kann zum Verlust des Sichtkontakts führen. In solchen Situationen bleiben Hindernisse oder Gefahren hinter dem Objekt unentdeckt, was das Risiko für Personen am Boden oder andere Luftraumnutzer erheblich erhöht. Kommt es in Folge eines BVLOS-Flugs zu einem Absturz, Sach- oder Personenschaden oder gar tödlichen Unfall, können sich haftungsrechtliche Konsequenzen ergeben.

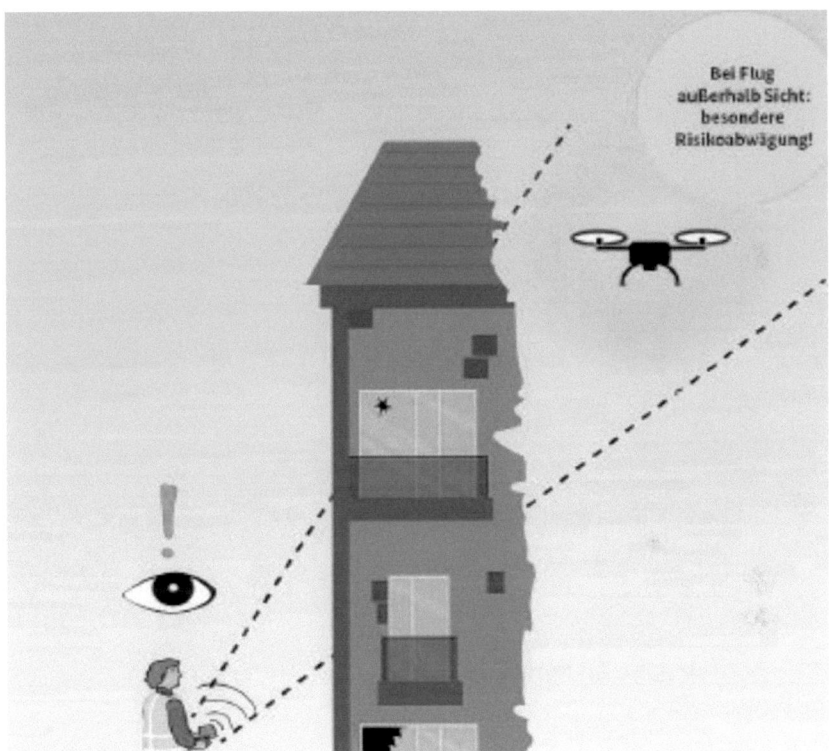

Quelle: BBK (2019, Anhang 7

- **Maximale Flughöhe: 120 Meter über Grund.**

Die Unterkategorien **A1**, **A2** und **A3** der offenen Kategorie regeln den Betrieb in Abhängigkeit vom **Gewicht** bzw. der **UAS-Klasse**. Mit zunehmender Masse und dem damit verbundenen Risiko steigen die Anforderungen   an **Sicherheitsabstände**, **Kompetenzen** und **Betriebsbedingungen**.

OFFENE KATEGORIE

- Keine Erlaubnis nötig
- Nicht über Menschenansammlungen
- max. 120 m Höhe
- Betrieb in Sichtweite

A1
C0/C1
< 900g
ab C1 Onlinetest

C0 über Unbeteiligten

A2
C2
< 4 kg
Theorieprüfung

30m Abstand

A3
C3/C4
< 25 kg
Onlinetest

150m zu Wohn-, Gewerbe-, Industrie-, Erholungsgebieten

Quelle: Beck/Pixabay

A1 – Betrieb nahe an Personen

- **Zulässig für:**

  o   UAS der Klassen **C0** und **C1**,

  o   **Selbstbauten** und **Altgeräte** bis **250 g**.

- **Besonderheiten:**

  o Geräte unter 250 g dürfen **Einzelpersonen überfliegen** (nicht empfohlen).

  o C1-Geräte (bis 900 g) **dürfen nicht überfliegen**, Annäherung ist erlaubt.

- **Kompetenzanforderungen:**

  o C0: **Nur Kenntnis des Benutzerhandbuchs.**

  o C1: **Online-Lehrgang** mit **Theorieprüfung** (40 Multiple-Choice-Fragen) zu Flugsicherheit, Luftraum, Recht, Betrieb, Datenschutz, Versicherung usw.

A2 – Betrieb nah, aber mit Abstand

- **Zulässig für:**

  o UAS der Klasse **C2** (900 g–4 kg), mit **aktiver Fernidentifikation** und **Geo-Sensibilisierung.**

- **Abstände:**

  o Standard: **30 m** zu unbeteiligten Personen,

  o Reduzierbar auf **5 m** im **Langsamflugmodus,**

  o **1:1-Regel ist einzuhalten** (Abstand ≥ Flughöhe).

- **Kompetenzanforderungen:**

  - Zusätzlich zu A1:

    - o **Praktisches Selbststudium** (u. a. Start, Landung, Manöver, Notfälle),

    - o **Erweiterte Theorieprüfung** bei anerkannter Stelle (30 Fragen, z. B. zu Meteorologie, Flugleistung, Risikominimierung).

A3 – Betrieb fernab von Personen

- **Zulässig für:**

  - o UAS der Klassen **C3, C4, Selbstbauten bis 25 kg** und **Altgeräte > 250 g.**

- **Abstände:**

  - o **Mind. 150 m** zu Wohn-, Gewerbe-, Industrie- und Erholungsgebieten,

  - o Bei auftauchenden Personen:

    - **Betrieb abbrechen** oder

    - **Sicherheitsabstand (≥ 30 m)** bzw. **1:1-Regel** einhalten.

- **Kompetenzanforderungen:**

  - **Online-Theorietest** analog A1 (keine zusätzliche Prüfung), da Betrieb nur in sicheren Bereichen zulässig ist.

Übergangsregeln:

Drohnen ohne Klassifizierung dürfen wie folgt in der offenen Kategorie betrieben werden:

- Drohnen unter 250g: Betrieb in A1 zulässig

- Drohnen über 250g: Betrieb in A3 zulässig

Demnach ist für Bestandsdrohnen und Geräte ohne C-Klassifizierung nicht mehr in der Unterkategorie A2 zulässig. In der speziellen Kategorie, also mit Erlaubnis sind alle Drohnen potenziell genehmigungsfähig.

6.3.3 Die spezielle Kategorie

Sobald ein UAS-Betrieb **nicht mehr den Anforderungen der offenen Kategorie** entspricht – etwa bei Flügen über **120 m**, mit **nicht konformen oder schweren Geräten**, oder in **weniger als 150 m Abstand** zu Wohn-, Gewerbe-, Industrie- oder Erholungsgebieten – fällt er in die **spezielle Kategorie**. In diesem Fall greifen zusätzlich die **betrieblichen Anforderungen** der **Verordnung (EU) Nr. 923/2012** (gemäß Art. 7 Abs. 2 der Verordnung (EU) 2019/947).

Für den Betrieb ist eine **Erlaubnis nach Art. 12 der Verordnung (EU) 2019/947** erforderlich. Zentrale Grundlage ist eine **Risikobewertung nach Art. 11**, die in der Regel mithilfe des **SORA -Verfahrens** (Specific Operations Risk Assessment, international) durchgeführt wird..

In standardisierten Fällen können Betreiber:innen auf sogenannte **Pre-Defined Risk Assessments (PDRA)** zurückgreifen – vordefinierte Risikobewertungen, die von der **EASA** als akzeptiertes Mittel zur Einhaltung von Art. 11 bereitgestellt werden.

Eine **Alternative zur Betriebserlaubnis** stellt die Nutzung eines **Standardszenarios (STS)** dar, bspw.

- **STS-01**: Betrieb in Sichtweite (VLOS) über einem kontrollierten Bereich in besiedeltem Gebiet

- **STS-02**: Betrieb außerhalb der Sichtweite (BVLOS) mit Beobachter:in in dünn besiedeltem Gebiet

Für den STS-Betrieb genügt eine **betriebsspezifische Erklärung** gegenüber der zuständigen Luftfahrtbehörde (LBA). Damit wird der Betrieb als regelkonform bestätigt, sofern alle Anforderungen und Risikominderungsmaßnahmen eingehalten werden. Dies ermöglicht einen **unbürokratischen Betrieb**, insbesondere für häufig wiederkehrende Einsätze.

Eine weitere Option ist das **LUC-Betreiberzeugnis (Light UAS Operator Certificate)**. Es erlaubt es Betreiber:innen, eigenständig über Einsätze zu entscheiden – unter der Voraussetzung, dass ein **umfassendes Sicherheits- und Managementsystem** nachgewiesen wird. Die Behörde führt regelmäßige **Audits** durch, und für jeden Einsatz ist eine **eigenverantwortliche Risikobewertung** erforderlich.

Da die EU-Verordnungen unmittelbar im gesamten EU-Gebiet gelten (sowie in Norwegen, in der Schweiz und künftig in Großbritannien), ist grenzüberschreitender Betrieb ebenfalls geregelt und führt zukünftig durch die einheitlichen Standards zu einer Vereinfachung. Bei diesen

Für grenzüberschreitende Einsätze können sich UAS-Betreiber:innen eine bestehende Betriebserlaubnis anerkennen lassen. Die zuständige Behörde des Zielstaates prüft den Antrag und bestätigt gegenüber der Herkunftsbehörde sowie den Betreiber:innen, dass die Risikominderungsmaßnahmen am jeweiligen Einsatzort ausreichen. Nach dieser Bestätigung ist der Betrieb zulässig.

6.3.4 Die zulassungspflichtige Kategorie

Die **zulassungspflichtige Kategorie** umfasst den **höchsten Risikobereich** im UAS-Betrieb. Hier gelten Verfahren und Anforderungen **analog zur bemannten Luftfahrt**.

Ein Betrieb fällt in diese Kategorie, wenn:

- Menschen befördert werden,

- ein UAS mit mehr als 3 m Durchmesser über Menschenansammlungen eingesetzt wird,

- oder ungesicherte gefährliche Güter transportiert werden.

Zusätzlich zur **Zulassungspflicht** müssen Betreiber:innen die Anforderungen der folgenden EU-Verordnungen erfüllen:

- **(EU) Nr. 923/2012** (SERA – Standardised European Rules of the Air),

- **(EU) Nr. 965/2012** (technische Vorschriften für den Luftverkehrsbetrieb),

- **(EU) Nr. 1332/2011** (gemeinsame Anforderungen an die Luftraumnutzung).

Konkrete Ausführungsregelungen zu dieser Kategorie wurden bislang nicht veröffentlicht, sind jedoch in Vorbereitung.

7 Nationale Regelungen zum Betrieb von Drohnen

In diesem Kapitel werden die **nationalen Regelungen** für den Betrieb von **unbemannten Fluggeräten** betrachtet. Der Begriff dient als **Oberbegriff** für **unbemannte Luftfahrtsysteme (UAS)** und **Flugmodelle**, entsprechend der **Legaldefinition im deutschen Recht.**

Zum Schutz der **öffentlichen Sicherheit und Ordnung** wurden 2017 erstmals spezifische Vorgaben durch die sogenannte **„Drohnen-Verordnung"** eingeführt und mit Einführung der europäischen Regeln in vielen Fällen übernomen. **Behörden und Organisationen mit Sicherheitsaufgaben (BOS)** genießen dabei **Sonderrechte** und sind in vielen Fällen **von den Geozonen befreit.**

Sie finden alle Geozonen und deren Betriebsvoraussetzungen unter **§ 21h Abs. 3 der Luftverkehrs-Ordnung** und im Map-Tool der Digitalen Plattform Unb emannte Luftfahrt (DIPUL) auch visualisiert

In den folgenden Abschnitten wird in **Infoboxen** dargestellt, **wie und in welchen Fällen diese Sonderregelungen für BOS** zur Anwendung kommen.

7.1 Geozonen gemäß § 21h Luftverkehrs-Ordnung

Die LuftVO enthält in §21h Abs. 3 einen umfangreichen **Katalog von Geozonen** für unbemannte Fluggeräte, um bestimmte **Rechtsgüter besonders zu schützen.** Die Geozonen gelten **unabhängig voneinander und** der europäischen Regeln– einige mit einem festgelegten **Sicherheits-abstand von 100 m**, andere lassen sich durch die **Zustimmung der betroffenen Stelle** aufheben. Diese Zustimmung sollte schriftlich eingeholt werden.

| Betrieb
verboten | Erlaubnis
benötigt | Besondere
Bedingungen | Allgemeine
Regeln „Open" | Lockerungen |

restriktiver | offen | offener

Quelle: Beck

Mitgliedstaaten haben die Möglichkeit, den **Betrieb von UAS** im Rahmen von **Geozonen** entweder **einzuschränken oder zu erleichtern**. Auch wenn viele der bisher festgelegten Geozonen eher **restriktiv** ausgestaltet sind, gibt es auch **gezielte Ausnahmen**.

Ein Beispiel hierfür ist die **Erleichterung für den Einsatz von UAS bei der Wildtierrettung**: Hier wurde ermöglicht, dass auch **Bestandsdrohnen** oder **UAS, die eigentlich nur in der offenen Kategorie A3 betrieben werden dürfen**, unter bestimmten Bedingungen **näher als 150 m an WIGE** heranfliegen dürfen, um etwa **Rehkitze oder anderes Jungwild zu orten und zu schützen**.

Neben diesen luftrechtlichen Vorgaben greifen weitere **rechtliche Beschränkungen**, etwa aus dem **Privatrecht**, dem **Datenschutzrecht** (z. B.

bei Film- und Tonaufnahmen) oder dem **weiteren Luftverkehrsrecht** –
diese werden später ausführlich behandelt.

BOS sind von vielen dieser Erlaubnispflichten ausgenommen, sollten
sich bei Einsätzen jedoch **möglichst eng an den geltenden Regelungen
orientieren**, um eine **verantwortungsvolle Ermessensausübung** sicherzustellen.

Geografische Gebiete („Geozonen")

Gebiete mit Flugbeschränkungen für
unbemannte Luftfahrzeuge

Wohngrundstücke

Menschen-
ansammlungen

Krankenhäuser

Einsatzorte von
Polizei/Feuerwehr

Industrie- und
Energieanlagen

Flughäfen/
Kontrollzonen

Justizvollzugsanstalten
/Behorden

Militärische
Anlagen

Verkehrswege

Quelle: Beck/KI

69

Anders als bei der speziellen Kategorie richtet sich die Zuständigkeit bei Geozonen nach dem Flugort. Hier ist grundsätzlich die Landesluftfahrtbehörde des Bundeslandes zuständig, in dem geflogen werden soll.

Neben diesen luftrechtlichen Vorgaben greifen weitere **rechtliche Beschränkungen**, etwa aus dem **Privatrecht**, dem **Datenschutzrecht** (z. B. bei Film- und Tonaufnahmen) oder dem **weiteren Luftverkehrsrecht** – diese werden zu einem späteren Zeitpun kt ausführlich behandelt.

7.1.1 Flugplätze

Flugplätze werden gemäß **§ 6 LuftVG** genehmigt. Unter dem Begriff „Flugplatz" fallen – in Anlehnung an die **Luftverkehrs-Zulassungs-Ordnung (LuftVZO)** – folgende Anlagen:

- Landeplätze (bspw. Hildesheim, Salzgitter, Jade-Weser-Port), einschließlich solcher des allgemeinen Verkehrs (Verkehrslandeplätze) sowie solcher für besondere Zwecke (Sonderlandeplätze),

- Segelfluggelände, die für den Betrieb von Segelflugzeugen und nicht selbststartenden Motorseglern vorgesehen sind; die Genehmigung kann auf selbststartende Motorsegler, Freiballone, Luftsportgeräte sowie auf Luftfahrzeuge ausgeweitet werden, die für das Schleppen von Segelflugzeugen, Motorseglern oder Hängegleitern bzw. zum Absetzen von Fallschirmspringern bestimmt sind,

- sowie Hubschrauberlandeplätze (bspw. Krankenhaus Siloah, Hannover).

Quelle: Beck/KI

Der Betrieb ist zulässig, wenn er **in der speziellen Kategorie** erfolgt oder **die Zustimmung der Luftaufsichtsstelle, Flugleitung oder des Flugplatzbetreibers** vorliegt – auch **über und innerhalb eines seitlichen Abstands von 1,5 Kilometern** zur Begrenzung von Flugplätzen, **sofern es sich nicht um Flughäfen handelt.**

Auch wenn **BOS von den Regelungen ausgenommen** sind, sollte in jedem Fall **vor dem Einsatz in Flugplatznähe Kontakt aufgenommen werden.** Ein nicht angemeldeter Flug kann zu **Irritationen im Flugbetrieb führen** und unter Umständen **kostspielige Konsequenzen** nach sich ziehen.

7.1.2 Flughäfen

Unter **Flughäfen** fallen alle **zivilen Verkehrsflughäfen** (Flughäfen des allgemeinen Verkehrs, bspw. Hannover-Langenhagen), **Sonderflughäfen für besondere Zwecke** sowie **militärische Flughäfen (bspw. Celle, Wunstorf).**

Ein **Betrieb ist nur zulässig,** wenn er in der **„speziellen Kategorie"** erfolgt – und zwar:

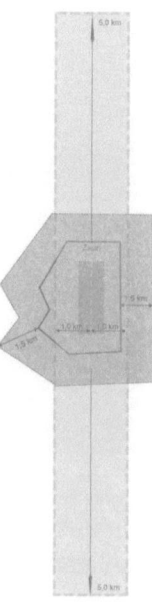

- **über und innerhalb eines seitlichen Abstands von 1 000 Metern** zur Begrenzung von Flughäfen sowie
- **innerhalb eines seitlichen Bereichs von weniger als 1 000 Metern** beiderseits der um jeweils **5 Kilometer verlängerten An- und Abflugrichtungen** entlang der **Bahnmittellinie.**

Die Abbildung zeigt einen DIPUL-Ausschnitt des Flughafens Hamburg, der über zwei sich kreuzende Start- und Landebahnen verfügt. Durch die Verlängerung der Bahnmittellinien um jeweils fünf Kilometer entsteht ein gekreuzter Schutzbereich, in dem der Betrieb unbemannter Fluggeräte ohne Geozonen-Erlaubnis nicht zulässig ist. In diesem Bereich greifen die besonderen Schutzvorgaben der Luftverkehrs-Ordnung für Flughäfen.

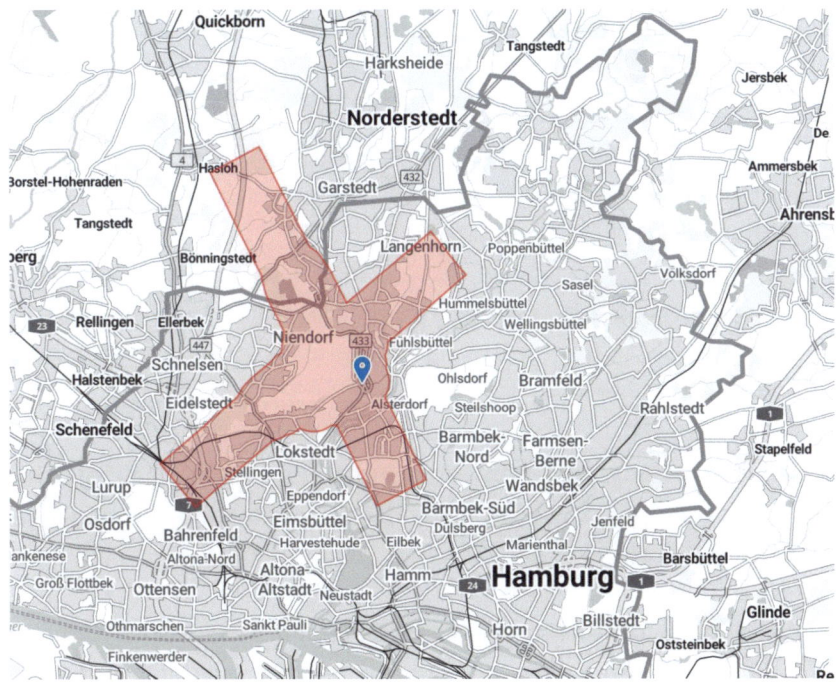

Quelle: DIPUL

Weitere Ausnahmemöglichkeiten bestehen nicht. Jedoch kann mit einer Geozonenerlaubnis der Betrieb zulässig werden.

Auch wenn **BOS von bestimmten Regelungen ausgenommen** sind, sollte in jedem Fall **vor dem Einsatz in Flughafennähe der Tower kontaktiert** werden. Nahezu alle Flughäfen verfügen mittlerweile über **Drohnen-Erkennungssysteme** – ein nicht angemeldeter Flug kann zu **Irritationen im Flugbetrieb führen** und unter Umständen **kostspielige Konsequenzen** nach sich ziehen.

7.1.3 Industrieanlagen, Energieerzeugung, Militär, JVA

Zulässig ist der Betrieb unbemannter Fluggeräte über und innerhalb eines seitlichen Abstands von 100 Metern zur Begrenzung folgender Einrichtungen, sofern die jeweils zuständige Stelle oder der Betreiber dem Flug ausdrücklich zugestimmt hat:

- **Industrieanlagen:** Hier sind große Anlagen und Werke gemeint, die offensichtlich als solche Anlage eingestuft werden können. Eine genaue Definition wird noch erarbeitet.

- **Justizvollzugsanstalten und Einrichtungen des Maßregelvollzugs:** Insbesondere JVA haben Drohnendetektion und sind in jedem Fall vorab zu kontaktieren.

- **militärische Anlagen und Organisationen:** Hierzu zählen Übungsplätze, Stützpunkte und Mobile Übungen, auch von Nato-Vertragspartnern.

- **Anlagen der zentralen Energieerzeugung und -verteilung:** Als Anlagen der zentralen Energieerzeugung gelten sämtliche an das Verteilernetz angeschlossenen Energieerzeugungsanlagen, die nicht als dezentrale Erzeugungsanlagen eingestuft sind.

- **sowie Einrichtungen, in denen Tätigkeiten der Schutzstufe 4 nach der Biostoffverordnung durchgeführt werden:** Hierzu zählen das Bernhard-Nocht-Institut für Tropenmedizin in Hamburg, das Friedrich-Loeffler-Institut, Insel Riems (Greifswalder Bodden Ostsee), das Institut für Virologie der Philipps-Universität Marburg und das Robert-Koch-Institut in Berlin.

Die zentralen **Schutzzwecke** dieser Regelung liegen in der **Verhinderung von Spionage, Sabotage und Schmuggel**.

In **großstädtischen Ballungsräumen** kann es durch die **dichte Ansiedlung geschützter Einrichtungen** zu einer **Überlagerung mehrerer 100-Meter-Schutzradien** kommen, was den Betrieb unbemannter Fluggeräte dort erheblich einschränkt – **auch für BOS**, sofern keine ausdrückliche Freigabe vorliegt.

Quelle: Beck/KI

7.1.4 Wichtige Behörden und Polizei

Gemäß **§ 21h Abs. 3 Nr. 4 LuftVO** ist der Betrieb unbemannter Flugge-räte **über und innerhalb eines seitlichen Abstands von 100 Metern** zu Grundstücken **zulässig**, wenn sich dort folgende Einrichtungen über de-ren Grund zugestimmt haben:

- Verfassungsorgane des Bundes oder der Länder,

- oberste und obere Bundes- oder Landesbehörden,

- diplomatische und konsularische Vertretungen,

- internationale Organisationen im Sinne des Völkerrechts,

- sowie Liegenschaften der Polizei und anderer Sicherheitsbehör-den.

Entsprechende Behörden können bspw. folgende sein:

- Bundestag, Bundesrat, Landesparlamente,

- Gerichte,

- Staatskanzleien, Ministerien,

- obere Landesbehörden, Regierungspräsidien,

- Konsulate, Diplomatien, Botschaften,

- Polizeidienststellen, Dienststellen der Bundespolizei und des Zolls,

7.1.5 Wichtige Verkehrswege

Über und in einem seitlichen Abstand von 100 Metern zu Bundesfernstraßen, Bundeswasserstraßen und Bahnanlagen ist der Betrieb gem. §21h Abs. 3 Nr. 5 LuftVO grundsätzlich an die Zustimmung der jeweilig zuständigen Behörde gekoppelt. Die Geozone dient dem Schutz des Straßen-, Schiffs- und Bahnverkehrs und führt zu einem flächendeckenden Netz an „Verbotszonen" im gesamten Bundesgebiet.

Besonders im Bereich von Bundesstraßen und Autobahnen besteht die Gefahr, dass Drohnenflüge über oder in unmittelbarer Nähe zu den Verkehrswegen Ablenkungen im Individualverkehr verursachen. In Kombination mit hohen Geschwindigkeiten kann dies zu erheblichen Unfallrisiken führen.

Eine zulässige Nutzung der Geozone ist gemäß § 21h Abs. 3 Nr. 5 LuftVO möglich, wenn die jeweils zuständige Behörde – also etwa die Straßenbauverwaltung, das Wasserstraßen- und Schifffahrtsamt oder der zuständige Bahnbetrieb – dem Betrieb ausdrücklich zugestimmt hat.

Alternativ kann die 1:1-Regel bei allen Verkehrswegen genutzt werden. Bei Bundesfernstraßen und Bahnanlagen ist der Betrieb auch zulässig, wenn der Betrieb in der „speziellen" Kategorie stattfindet und die besonderen Gefahren des Überflugs innerhalb der Risikobewertung (...) ausreichend berücksichtigt wurden.

Bei Bundeswasserstraßen ist ein Überflug möglich, sofern er in mind. 100m Höhe erfolgt, lediglich eine Querung auf dem kürzesten Weg erfolgt und keine Schiffe und keine Schifffahrtsanlagen, insbesondere

Schleusen, Wehre, Schiffshebewerke und Liegestellen, überflogen werden.

BOS können zur Aufgabenerfüllung hiervon abweichen. Es scheint aus den o.g. Gründen zweckmäßig, die 1:1 Regel des vereinfachten Verfahrens dennoch zu nutzen.

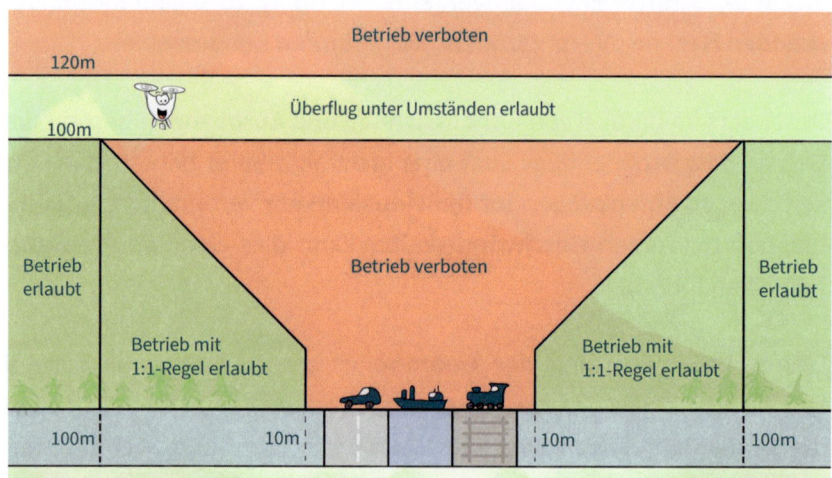

Quelle: Beck

7.1.6 Naturschutz

Der **Betrieb unbemannter Fluggeräte über Gebieten mit naturschutzrechtlicher Relevanz** ist grundsätzlich eingeschränkt. Hierzu zählen insbesondere:

- Naturschutzgebiete im Sinne des § 23 Abs. 1 BNatSchG,

- Nationalparks gemäß § 24 BNatSchG,

- sowie Flora-Fauna-Habitat-Gebiete (FFH) und Vogelschutzgebiete im Sinne des § 7 Abs. 1 Nr. 6 und 7 BNatSchG.

Diese Schutzgebiete unterliegen einem besonderen Schutz, da der Betrieb von UAS in sensiblen Ökosystemen – insbesondere während der Brut-, Setz- oder Rastzeiten – zu **erheblichen Störungen von Flora und Fauna** führen kann.

Gemäß § 21h Abs. 3 Nr. 6 LuftVO ist der Betrieb über diesen Schutzgebieten jedoch **zulässig,** wenn **eine der folgenden Voraussetzungen erfüllt** ist:

- Die zuständige Naturschutzbehörde hat dem Betrieb ausdrücklich zugestimmt,

- Landesrechtliche Vorschriften regeln den Drohnenbetrieb in diesen Gebieten abweichend, oder

- – mit Ausnahme von Nationalparks – wenn sämtliche nachfolgenden Bedingungen erfüllt sind:

  o Der Betrieb erfolgt nicht zu Zwecken des Sports oder der Freizeitgestaltung,

  o Der Überflug findet in einer Höhe von über 100 Metern statt,

  o Der Fernpilot hat sich mit dem Schutzzweck des jeweiligen Schutzgebietes vertraut gemacht und berücksichtigt diesen angemessen im Rahmen des Einsatzes, und

  o Die Nutzung des Luftraums über dem Schutzgebiet ist für

die Erfüllung des Einsatzzwecks zwingend erforderlich (z. B. zur Lageerkundung bei einer Schadenslage, zur Wildtierrettung oder zur Suche nach vermissten Personen).

In der Praxis bedeutet dies, dass ein Drohneneinsatz über einem Naturschutzgebiet grundsätzlich **vermeidbar sein sollte**– es sei denn, der **Einsatzzweck rechtfertigt die Maßnahme**, der **Überflug ist alternativlos** und **alle Schutzinteressen werden gewahrt**.

Insbesondere **Behörden und Organisationen mit Sicherheitsaufgaben (BOS)** sind angehalten, diese Anforderungen **sorgfältig zu prüfen und zu dokumentieren**, bevor eine Maßnahme durchgeführt wird.

7.1.7 Wohngrundstücke

Der **Betrieb unbemannter Fluggeräte über Wohngrundstücken** ist grundsätzlich verboten, da hierdurch **besondere Persönlichkeitsrechte**, insbesondere das **Recht auf Privatsphäre** und das **Recht auf informationelle Selbstbestimmung**, betroffen sein können.

Eine Ausnahme vom Überflugverbot über Wohngrundstücke besteht jedoch, **wenn eine der folgenden Voraussetzungen erfüllt ist**:

- Zustimmung der Betroffenen: Der Eigentümer oder sonstige Nutzungsberechtigte des jeweiligen Wohngrundstücks hat dem Überflug ausdrücklich zugestimmt.

- Leichtes UAS ohne Aufzeichnungsfähigkeit: Das unbemannte Fluggerät wiegt maximal 250 Gramm Startmasse und ist nicht in der Lage, optische, akustische oder funktechnische Aufzeichnungen oder Übertragungen vorzunehmen – weder live noch gespeichert. Eine entsprechende technische Ausstattung darf nicht vorhanden sein.

- Berechtigter Einsatz aus großer Höhe: Der Überflug erfolgt in einer Flughöhe von mindestens 100 Metern und sämtliche der nachfolgenden Bedingungen werden kumulativ erfüllt:

  - Der Überflug ist zur Erfüllung eines berechtigten Betriebszwecks erforderlich,

  - Öffentliche Flächen oder alternative Überflugrouten stehen nicht zur Verfügung,

  - Die Zustimmung des Grundstückseigentümers oder Nutzungsberechtigten kann nicht in zumutbarer Weise eingeholt werden,

  - Es wurden alle erforderlichen Maßnahmen getroffen, um Eingriffe in den geschützten Privatbereich und das informationelle Selbstbestimmungsrecht zu vermeiden,

  - Betroffene Personen sind – sofern möglich – vorab über den Betrieb zu informieren,

  - Der Betrieb findet ausschließlich zwischen 6:00 Uhr und 22:00 Uhr Ortszeit statt,

  - Es ist nicht zu erwarten, dass durch den Drohneneinsatz die Immissionsrichtwerte gemäß Nr. 6.1 der Technischen Anleitung zum Schutz gegen Lärm überschritten werden.

In der Praxis bedeutet dies, dass **Überflüge über Wohngrundstücke** nur in **gut begründeten Ausnahmefällen** zulässig sind. Besonders für **BOS** ist eine **sorgfältige Interessenabwägung** erforderlich – insbesondere dann, wenn eine kurzfristige Zustimmung nicht eingeholt werden kann, der Einsatz aber für den Einsatzerfolg notwendig ist. Alle Eingriffe sollten dabei **transparent dokumentiert** und **möglichst schonend** durchgeführt werden.

7.1.8 Badeeinrichtungen

Der **Betrieb unbemannter Fluggeräte über Freibädern, Badestränden und ähnlichen Einrichtungen** ist grundsätzlich auf den **Schutz der Privatsphäre** der Nutzerinnen und Nutzer dieser Einrichtungen ausgerichtet und daher **reglementiert**.

Eine Ausnahme vom grundsätzlichen Überflugverbot ist **zulässig, wenn sich der Betrieb ausschließlich auf Zeiten außerhalb der Betriebs- oder Badezeiten beschränkt.** Das bedeutet, dass ein Überflug dann erlaubt ist, **wenn keine Personen dort baden, sich aufhalten oder die Einrichtung in üblicher Weise nutzen.**

Beispiele für solche Einrichtungen sind:

- öffentlich oder privat betriebene **Freibäder,**

- **Badeseen,**

- **Strandabschnitte** mit öffentlichem Zugang,

- sowie andere **Einrichtungen mit typischem Badebetrieb.**

Für Einsätze von **Behörden und Organisationen mit Sicherheitsaufgaben (BOS)** bedeutet dies, dass z. B. **Lageerkundungen, Dokumentationen oder Vorbereitungsmaßnahmen** mit UAS außerhalb der regulären Betriebszeiten grundsätzlich möglich sind, **sofern keine anwesenden Personen in ihren Persönlichkeitsrechten betroffen sind.**

Wird ein Betrieb dennoch während der Nutzungszeiten erforderlich, z. B. zur **Gefahrenabwehr, Personensuche** oder im Rahmen eines **Einsatzes,** sollte eine **strenge Verhältnismäßigkeitsprüfung** erfolgen und gegebenenfalls vor Ort dokumentiert werden, **welche Maßnahmen zum Schutz der Persönlichkeitsrechte** getroffen wurden (z. B. Vermeidung von Nahaufnahmen, technische Einschränkungen der Sensorik, Abgrenzung des Einsatzgebiets).

7.1.9 Kontrollzonen

Der **kontrollierte Luftraum,** insbesondere die sogenannte **Kontrollzone (CTR)** rund um Verkehrsflughäfen, unterliegt besonderen Vorschriften der **Luftverkehrskontrolle.** Gemäß § 21 **LuftVO** darf ein bemanntes oder unbemanntes Luftfahrzeug **nur dann innerhalb dieser Zonen betrieben werden,** wenn zuvor eine **Flugverkehrskontrollfreigabe** durch den zuständigen **Flugverkehrskontrolldienstleister** (z. B. DFS Deutsche Flugsicherung) eingeholt worden ist.

Gemäß § 21h Abs. 3 Nr. 9 **LuftVO** ist der Betrieb unbemannter Fluggeräte innerhalb einer **Kontrollzone** zulässig, **wenn eine Flugverkehrskontrollfreigabe erteilt wurde.**

Für den **unteren Bereich vom Boden bis zu einer Höhe von 50 Metern über Grund** bestehen jedoch in vielen Fällen **Allgemeinverfügungen** der **Flugverkehrskontrolldienstleister**, die unter bestimmten Bedingungen einen **Betrieb ohne gesonderte Freigabe** erlauben. Diese Allgemeinverfügungen legen z. B. zeitliche, geografische oder betriebliche Einschränkungen fest, innerhalb derer ein Drohnenflug ohne unmittelbare Genehmigung stattfinden darf – etwa unterhalb von 50 m, mit maximaler Entfernung zum Fernpilot, in Sichtweite und außerhalb sensibler Zonen.

Wird jedoch ein Betrieb **über 50 Metern über Grund innerhalb einer Kontrollzone geplant, so bedarf dieser immer einer individuellen Flugverkehrskontrollfreigabe.** Bei militärischen Flughäfen ist eine entsprechende Freigabe generell erforderlich.

Behörden und Organisationen mit Sicherheitsaufgaben (BOS) könnten diese Geozone **im Einsatzfall** gemäß umgehen, **wenn der Einsatz zur Erfüllung ihrer Aufgaben erforderlich ist.** Dennoch besteht auch für BOS die Verpflichtung, **in einer Kontrollzone zwingend eine Flugverkehrskontrollfreigabe einzuholen,** um **eine Gefährdung der bemannten Luftfahrt auszuschließen.**

In der Praxis bedeutet dies:

- Einsätze **unter 50 m** in einer CTR sind **in der Regel ohne individuelle Freigabe möglich,** wenn die **Allgemeinverfügung** eingehalten wird.

- Einsätze **über 50 m** sind **grundsätzlich genehmigungspflichtig,** selbst für BOS.

- BOS sollten – auch bei erlaubter Abweichung von Verboten – **in** jedem Fall frühzeitig Kontakt zur zuständigen Flugsicherung aufnehmen, um **Irritationen oder sicherheitsrelevante Zwischenfälle zu vermeiden.**

- Insbesondere an **großen Verkehrsflughäfen mit aktiven Drohnendetektionssystemen** kann ein nicht abgestimmter UAS-Flug zu **kostspieligen Einsatzunterbrechungen oder Luftraumsperrungen führen.**

Ein **umsichtiger und abgestimmter Einsatz** unbemannter Luftfahrzeuge in Kontrollzonen ist daher im Interesse aller Beteiligten – auch im BOS-Kontext – **unverzichtbar.**

7.1.10 Krankenhäuser

Der **Betrieb unbemannter Fluggeräte über und innerhalb eines seitlichen Abstands von 100 Metern zur Begrenzung von Krankenhäusern** unterliegt aus gutem Grund einer gesetzlichen Einschränkung. Krankenhäuser sind nicht nur Orte medizinischer Versorgung, sondern häufig auch Standorte mit **hochsensibler Infrastruktur** – insbesondere im Bereich der **Luftrettung.**

Neben offiziell genehmigten **Hubschrauberlandeplätzen (§ 6 LuftVG)** befinden sich auf vielen Klinikgeländen auch sogenannte **Public Interest Sites (PIS).** Dabei handelt es sich um **nicht genehmigte Landeplätze für Rettungshubschrauber,** die dennoch eine entscheidende Funktion erfüllen: Sie dienen der **schnellen Versorgung von Patient:innen** und somit einem **übergeordneten öffentlichen Interesse,** insbesondere im Rahmen zeitkritischer Notfalleinsätze.

Quelle: Beck

Die Geozone schützt somit sowohl den laufenden Klinikbetrieb als auch die sichere Durchführung von Luftrettungseinsätzen. Ein Betrieb von unbemannten Fluggeräten ist dann zulässig, **wenn der Betreiber der jeweiligen Einrichtung dem Flug ausdrücklich zugestimmt hat**.

Ein sensibler und abgestimmter Drohneneinsatz im Umfeld medizinischer Einrichtungen ist somit nicht nur rechtlich erforderlich, sondern auch Ausdruck von Professionalität und Verantwortung im Sinne des Bevölkerungsschutzes.

7.1.11 Einsatzorte von BOS

Ein besonders sensibler Bereich für den Betrieb unbemannter Fluggeräte betrifft **Unfall- und Einsatzstellen von Behörden und Organisationen mit Sicherheitsaufgaben (BOS)** sowie **mobile Einrichtungen und
Truppenteile der Streitkräfte** während **angemeldeter Manöver oder
Übungen.**

Gemäß **§ 21h Abs. 3 Nr. 11 LuftVO** ist der Betrieb von Drohnen über
und innerhalb eines seitlichen Abstands von 100 Metern zu solchen Bereichen **grundsätzlich unzulässig.** Eine **Ausnahme ist jedoch möglich, wenn der zuständige Einsatzleiter dem Flug ausdrücklich zu-
stimmt.** Die Einholung dieser Zustimmung liegt in der Verantwortung
der UAS-Betreiber:innen und sollte dokumentiert erfolgen – insbesondere bei Presseflügen, Forschungsanwendungen oder Kooperationspro-
jekten im zivilen Bereich.

Für **BOS im Einsatz** selbst ist das Überfliegen der eigenen Einsatzstellen
rechtlich zulässig, sofern dies zur Aufgabenerfüllung erforderlich ist.
Dennoch sollten **Koordination, Absprache und gegenseitige Rücksicht-
nahme** oberste Priorität haben – insbesondere, wenn **mehrere Akteure
gleichzeitig luftgestützt operieren.**

Kommt es zu einer gleichzeitigen Nutzung des Luftraums durch **bemannte Luftfahrzeuge** (z. B. Polizei-, Rettungs- oder Nachrichtenhub-
schrauber), gilt der Grundsatz:

**Unbemannte Fluggeräte müssen unverzüglich gelandet werden, so-
bald bemannter Luftverkehr im Einsatzgebiet eintrifft.**

Nur wenn **eine vorherige oder unmittelbare Abstimmung aller betei-ligten Luftverkehrsteilnehmer:innen erfolgt**, kann der **Betrieb koordi-nierter fortgesetzt** werden. Dies setzt eine **geeignete Kommunikati-onsstruktur** (z. B. durch eine zentrale Koordinierungsstelle oder über die Leitstelle) und die **temporäre oder räumliche Trennung der Flugbe-wegungen** voraus.

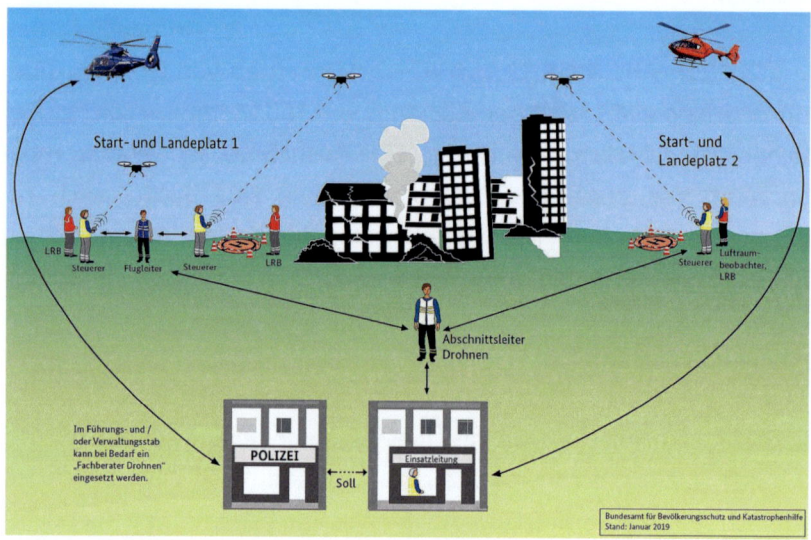

Quelle: BBK (2019)

Ein abgestimmter, sicherer und einsatztaktisch sinnvoller Betrieb im Umfeld aktiver Einsatz- und Übungslagen trägt maßgeblich dazu bei, **Gefahren für alle Beteiligten zu minimieren** und den **Mehrwert unbemannter Systeme voll auszuschöpfen** – ohne die Sicherheit oder Effektivität anderer Einsatzmittel zu gefährden.

8 Sonderrechte für Behörden und Organisationen mit Sicherheitssaufgaben und interne Regelungen

Behörden und Organisationen mit Sicherheitsaufgaben können gemäß § 21k LuftVO von den **Geozonen und europäischen Regeln** abweichen, **sofern der Drohnenbetrieb der Aufgabenerfüllung dient** und im Zusammenhang mit **Not- und Unglücksfällen oder Katastrophen steht**.

Die **Begründung** für diese Sonderregelung liegt darin, dass die öffentliche Verwaltung an **Recht und Gesetz gebunden** ist und damit die **Einhaltung der materiell-rechtlichen Vorgaben** beim Betrieb von UAS grundsätzlich **als sichergestellt** gilt. Daraus ergibt sich jedoch **nicht**, dass Einsätze durch BOS automatisch **weniger Risiken** bergen. Die **Nutzung der Sonderrechte** setzt daher stets eine **eigenverantwortliche Prüfung** der Risiken und Voraussetzungen voraus.

Polizei und Militär genießen in bestimmten Fällen **weitergehende Rechte** als andere Behörden – insbesondere, wenn der **abweichende Betrieb** zur **Erfüllung besonderer Aufgaben zwingend** erforderlich ist.

Aus diesem Grund gilt: **UAS im Katastrophenschutz** sollten unter Berufung auf Sonderrechte **zurückhaltend und verhältnismäßig** eingesetzt werden.

In diesem Abschnitt wird daher näher analysiert,

- welche Institutionen unter den Begriff der Behörden mit Sicherheitsaufgaben fallen,

- welche Organisationen betroffen sind,

- unter welchen Voraussetzungen und Tatbeständen die Ausnahmeregelungen Anwendung finden,

- und welchen rechtlichen Hintergrund diese Sonderrechte besitzen.

8.1 Hintergrund; Militär und Polizei

Die Aufgabenerfüllung von Sicherheitskräften und staatlichen Behörden – insbesondere der Streitkräfte – genießt ein hohes öffentliches Interesse und ist durch das Grundgesetz besonders geschützt. Im Spannungs- oder Verteidigungsfall verfügen die Streitkräfte über weitreichende Befugnisse. Um ihre Einsatzfähigkeit auch unter Zeitdruck sicherzustellen, sieht der Gesetzgeber **Dispensregelungen** und **liberale Ausnahmeregelungen** vor, die eine flexible Handlungsfähigkeit ermöglichen.

Dabei sind diese **Sonderrechte jedoch keine pauschalen Freibriefe**, sondern stets **zweckgebunden an die konkrete Aufgabenwahrnehmung** oder die **Abwehr erheblicher Gefahren**. Jede Abweichung von geltenden Vorschriften bedarf daher einer sorgfältigen **Einzelfallabwägung**.

Ein vergleichbarer Mechanismus existiert im Straßenverkehrsrecht: Auch hier sind Bundeswehr, Bundespolizei und Polizei gemäß § 35 StVO von bestimmten Regelungen befreit, **sofern dies zur Erfüllung hoheitlicher Aufgaben dringend geboten ist.** Im Luftverkehrsrecht finden sich analoge Regelungen – insbesondere in § 30 LuftVG. Diese Bestimmung erlaubt es Bundeswehr, Polizei und Bundespolizei, **von Vorschriften des Luftverkehrsgesetzes und seiner Verordnungen abzuweichen, wenn dies zur Erfüllung besonderer Aufgaben erforderlich ist.**

Insbesondere bei **militärischen Lagen** oder **zeitkritischen Gefahrenabwehrmaßnahmen** ist dies gerechtfertigt. **Ermessensspielräume sollten dagegen restriktiv gehandhabt werden,** da die Anwendung solcher Sonderregelungen stets **rechtfertigungspflichtig ist.**

Zusätzlich gewährt die **Luftverkehrs-Ordnung (LuftVO)** in § 21k erweiterte Sonderrechte für **alle Behörden und Organisationen mit Sicherheitsaufgaben** (z. B. Feuerwehr, Rettungsdienste, THW). Im Vergleich zu § 30 LuftVG ist der Umfang dieser Dispensregelung jedoch begrenzter.

Ziel des folgenden Abschnitts ist es, die **Tatbestandsvoraussetzungen,** den **Geltungsbereich** sowie die **Grenzen der Befreiungen** nach § 21k LuftVO systematisch darzustellen. Hierbei soll verdeutlicht werden, unter welchen Bedingungen eine Ausnahme rechtlich zulässig, zweckmäßig und verhältnismäßig ist.

8.1.1 Umfang der Befreiungen

Im Hinblick auf die Reichweite der Sonderregelungen ist eine grundlegende Differenzierung erforderlich, denn **nicht alle Behörden und Organisationen mit Sicherheitsaufgaben verfügen über den gleichen Umfang an Befreiungen – noch gelten für sie dieselben Voraussetzungen**

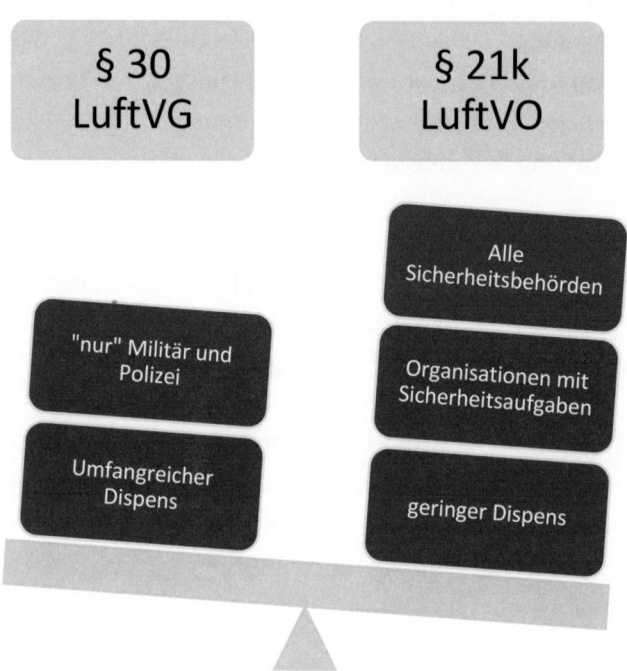

Quelle: Eigene Darstellung

Es zeigt sich ein deutliches Ungleichgewicht zwischen zwei Gruppen:

- Wenige Behörden mit weitreichenden Sonderrechten – insbesondere Bundeswehr, Bundespolizei und Polizei, die unter § 30 LuftVG fallen,

- und eine Vielzahl an Behörden mit eingeschränkten Befreiungsmöglichkeiten, die sich auf § 21a Abs. 2 LuftVO und § 21b Abs. 1
Satz 1 LuftVO stützen müssen.

Diese Unterscheidung ist entscheidend für die rechtssichere Einordnung der jeweiligen Befugnisse und deren sachgerechte Anwendung im
Einsatzkontext.

8.1.1.1 Bundeswehr

Die Bundeswehr kann gemäß § 30 Abs. 1 LuftVG von vielen Regelungen
des Luftverkehrsgesetzes und dessen Durchführungsverordnungen abweichen – sofern dies zur Erfüllung ihrer besonderen Aufgaben erforderlich ist und die öffentliche Sicherheit oder Ordnung nicht gefährdet
wird.

Ausgenommen sind lediglich die §§ 12, 13 und 15–19 LuftVG, die sich
mit Flughafenbau und baulichen Hindernissen befassen und für den
Drohneneinsatz operativ kaum Bedeutung haben.

Ergänzend erlaubt § 30 LuftVG auch Abweichungen von bestimmten
Verordnungen, z. B. der Luftverkehrs-Ordnung (LuftVO), der Luftverkehrs-Zulassungs-Ordnung (LuftVZO) und der Verordnung über Luftfahrtpersonal. Dies betrifft z. B. Mindestflughöhen (§ 37 LuftVO), Au-
ßenstarts (§ 18 LuftVO) oder genehmigungspflichtige Lufträume (§§ 19,
20 LuftVO).

Interne Regelungen: Abweichungen erfolgen oft auf Grundlage interner
Vorschriften, etwa durch zentrale Dienstvorschriften („ZDv 19er-
Reihe"), die teils eigene, militärspezifische Regeln definieren – etwa zu
Flugsicherheit, UAS-Betrieb oder Ausbildungsstandards.

Grenzen der Ausnahmen: Wichtig ist: Die Sonderrechte gelten **nicht pauschal.** Jeder Abweichung muss eine **konkrete Notwendigkeit** zugrunde liegen, und der Betrieb muss stets **mit Blick auf die öffentliche Sicherheit und Ordnung** verantwortungsvoll erfolgen.

8.1.1.2 Polizei

Auch die Polizei genießt weitreichende Befreiungen im Luftverkehrsrecht, die sich – ähnlich wie bei der Bundeswehr – auf den ersten Abschnitt des Luftverkehrsgesetzes sowie die zugehörigen Verordnungen beziehen.

Im Unterschied zum Militär sind bei der Polizei jedoch zusätzlich die §§ 5 bis 10 LuftVG von den Ausnahmen ausgenommen. Diese betreffen insbesondere die Ausbildung von Luftfahrzeugführer:innen (§ 5 LuftVG) sowie die Genehmigung und Nutzung von Flugplätzen (§§ 6 ff. LuftVG).

8.1.2 Grenzen der Befreiungen

Da sich der Dispens nach **§ 30 LuftVG** ausschließlich auf den ersten Abschnitt des Luftverkehrsgesetzes bezieht, gelten für Militär und Polizei die weiteren Abschnitte weiterhin uneingeschränkt. Dazu zählen unter anderem:

- die Regelungen zur Versicherung und Schlichtung (§§ 33–57d LuftVG),

- die Straf- und Bußgeldvorschriften (§§ 58–63 LuftVG),

- die Vorschriften zu Luftfahrtdateien (§§ 64–73 LuftVG) und

- die Übergangsregelungen.

Darüber hinaus sind Bundeswehr und Polizei auch von den auf dem LuftVG basierenden Verordnungen – wie etwa der **Luftverkehrs-Ordnung (LuftVO)** oder der **Luftverkehrs-Zulassungs-Ordnung (LuftVZO)** – befreit. Ungeachtet dessen gelten für viele Einsätze weiterhin andere Rechtsgebiete wie Datenschutz- oder Privatrecht.

Im Unterschied dazu ist der Befreiungskatalog gemäß **§ 21k LuftVO** für Behörden und Organisationen mit Sicherheitsaufgaben deutlich enger gefasst.

Dabei gelten folgende Einschränkungen:

- Der Betrieb auf Flugplätzen bedarf stets der Abstimmung mit dem Flugplatzbetreiber.

- Fluggeräte mit einer Startmasse über 25 kg sind nicht vom Befreiungstatbestand erfasst.

- Zudem sollten die „**Empfehlungen für Gemeinsame Regelungen zum Einsatz von Drohnen im Bevölkerungsschutz**" sowie ggf. interne Vorschriften beachtet werden.

Die Sonderrechte nach § 21k LuftVO sind eng an die hoheitliche Aufgabenwahrnehmung gebunden – sei es im Rahmen gesetzlicher Zuständigkeit oder freiwilliger Leistungen. Sie gelten daher nicht für Flüge mit rein dienstlichem Charakter ohne sicherheitsrelevanten Bezug, z. B. Transportflüge für Politiker:innen oder Verwaltungsmitglieder.

8.1.3 Beachtung der öffentlichen Sicherheit und Ordnung

Unabhängig von bestehenden Sonderrechten muss die **öffentliche Sicherheit und Ordnung** stets gewährleistet bleiben. Fernpilot:innen sind verpflichtet, die rechtlichen Rahmenbedingungen und potenziellen Gefahren zu kennen – ebenso müssen sie über ausreichende **praktische Fähigkeiten** verfügen, um weder Kolleg:innen noch Dritte zu gefährden.

Vor jedem Einsatz sind daher **Risiken systematisch zu bewerten** und potenzielle Gefahrenquellen zu identifizieren. Verfahren und Abläufe zum sicheren Betrieb von UAS können durch **interne Verfügungen, Erlasse oder Dienstanweisungen** geregelt werden.

In jedem Fall ist es notwendig, dass Behörden und Organisationen mit Sicherheitsaufgaben das erforderliche Fachwissen aufbauen, **Betriebsstandards definieren** und den Einsatz regelmäßig trainieren. Auf polizeilicher Seite erarbeitet die in Baden-Württemberg angesiedelte Koordinierungsstelle Drohnen entsprechende Ausbildungs- und Einsatzstandards.

Eine vergleichbare Grundlage bieten die **„Empfehlungen für Gemeinsame Regelungen zum Einsatz von Drohnen im Bevölkerungsschutz"** sowie interne Richtlinien einzelner Behörden und Organisationen mit Sicherheitsaufgaben.

8.1.4 Erfüllung der besonderen Aufgaben

Ein Dispens von luftrechtlichen Vorschriften ist **nur zulässig,** wenn der **Einsatz eines unbemannten Luftfahrzeugs (UAS)** unmittelbar der **Erfüllung besonderer Aufgaben der Polizei oder der Bundeswehr** dient. Es ist daher entscheidend zu klären, **welche besonderen Aufgaben** diesen Institutionen zugewiesen sind, um eine rechtssichere Abgrenzung der Ausnahmetatbestände vornehmen zu können.

8.1.4.1 Besondere Aufgaben der Bundeswehr

Die Aufgaben der Bundeswehr gehen über die klassische Verteidigung im Sinne von Artikel 87a GG hinaus. Sie selbst gliedert ihre Aufgaben in vier übergeordnete Bereiche:

1. **Verteidigung:** Die Verteidigung Deutschlands sowie die Bündnisverteidigung im Rahmen von NATO und EU stehen im Zentrum. Dazu gehören:

- Schutz des deutschen Hoheitsgebiets und Abschreckung,

- Abwehr von Angriffen auf Bündnispartner,

- Reaktion auf terroristische und hybride Bedrohungen,

- Stärkung der transatlantischen und europäischen Verteidigung,

- Unterstützung von Bündnispartnern.

2. **Internationales Krisenmanagement:** Die Bundeswehr beteiligt sich an internationalen Einsätzen zur Krisenprävention und -bewältigung, insbesondere wenn sicherheitspolitische Interessen Deutschlands betroffen sind. Aufgaben sind u. a.:

- Früherkennung internationaler Krisen,

- Teilnahme an Friedensmissionen (z. B. der UN),

- Schutz strategischer Seewege, Cyberabwehr, Embargo-Durchsetzung.

3. Nationale Krisenvorsorge und Heimatschutz: Auch im Inland unterstützt die Bundeswehr bei:

- Naturkatastrophen, Unglücken und Großschadenslagen,

- Überwachung des Luftraums, Abwehr von Flugkörpern,

- Such- und Rettungseinsätzen an Land sowie auf Nord- und Ostsee.

4. Internationale Katastrophenhilfe: In Zusammenarbeit mit Staaten, NGOs und Hilfsorganisationen leistet die Bundeswehr:

- humanitäre Hilfe bei Katastrophen, Epidemien und Pandemien,

- Unterstützung bei der Bekämpfung von Fluchtursachen,

- Schutz und Evakuierung deutscher Staatsbürger im Ausland.

> Bei der Ausübung der in diesem Abschnitt genannten Tätigkeiten kann die Bundeswehr von den Sonderrechten Gebrauch machen.

8.1.4.2 Besondere Aufgaben der Polizei

Die Polizei in Deutschland ist föderal organisiert und gliedert sich in Bundes- und Länderpolizeien mit unterschiedlichen Zuständigkeiten und Aufgabenbereichen.

Bereitschaftspolizei: Sowohl auf Bundes- als auch auf Landesebene übernimmt die Bereitschaftspolizei Aufgaben bei Großveranstaltungen, Demonstrationen, Staatsbesuchen, Risikospielen, Fahndungen, Durchsuchungen, der Kriminalitätsbekämpfung sowie der Katastrophenhilfe.

Bundespolizei: Die Bundespolizei ist zuständig für:

- den Schutz der deutschen Grenzen,

- die Sicherheit an Bahnanlagen und Flughäfen,

- die Küstenwache,

- den Schutz der Bundesorgane,

- internationale Einsätze im Rahmen von Krisenmanagement oder Friedensmissionen.

Landespolizei: Die Polizei der Bundesländer besteht typischerweise aus:

- **Schutzpolizei:** Streifendienst, Verkehrsüberwachung, Einsatz bei Notrufen.

- **Kriminalpolizei:** Ermittlung bei Straftaten wie Raub, Betrug, Mord oder organisierter Kriminalität.

- **Landeskriminalamt** und **zentraler Polizeidirektion**: übergeordnete Aufgaben und Spezialisierung.

Polizei des Bundestages: Sie sichert die Arbeit des Deutschen Bundestags und ist für den Schutz bei Sitzungen und Veranstaltungen zuständig.

Sonder- und Spezialeinheiten

- **GSG 9** (Bundespolizei): Spezialeinheit für Geiselbefreiung und Terrorabwehr.

- **SEK** (Länder): Einsätze bei Schwerstkriminalität und Gefahrenlagen.

- **Hunde- und Reiterstaffeln**: Einsatz bei Suchen, Demos oder Großveranstaltungen.

- **Hubschrauberstaffeln**: Luftunterstützung, z. B. bei der Suche nach Vermissten.

Sonderpolizeibehörden: Einige Behörden, wie etwa Luftfahrtbehörden (§ 29 LuftVG), können in bestimmten Fällen Polizeiaufgaben übernehmen.

Die Aufgaben der Polizei sind vielseitig – von Gefahrenabwehr über Strafverfolgung bis hin zum Schutz kritischer Infrastrukturen. Der Einsatz von UAS (unbemannten Luftfahrtsystemen) kann viele dieser Aufgaben effektiv unterstützen. Ob ihr Einsatz jedoch im Einzelfall zwingend notwendig ist, bedarf stets einer sorgfältigen Prüfung.

8.1.5 Erforderlichkeit und Verwaltungsgrundsatz

Auch wenn Behörden und Organisationen mit Sicherheitsaufgaben (BOS) unbemannte Fluggeräte (UAS) häufig ohne gesonderte Erlaubnis einsetzen dürfen, bedeutet dies nicht automatisch, dass ein solcher Einsatz auch verwaltungsrechtlich geboten oder verhältnismäßig ist. In vielen Fällen kann der Einsatz rechtlich unzulässig sein, wenn konventionelle Methoden weniger belastend für Menschen oder Umwelt wären oder mildere Mittel zur Verfügung stehen.

Die Verwaltung ist an Recht und Gesetz gebunden. Dies beinhaltet sowohl das Gebot des **„Handelns auf gesetzlicher Grundlage"** als auch das Verbot des **„Handelns gegen geltendes Recht"**. Beim Einsatz eines UAS durch BOS liegt in der Regel eine gesetzliche Grundlage im Sinne der Aufgabenwahrnehmung vor – das allein genügt jedoch nicht.

Denn sobald Grundrechte berührt werden – etwa das Recht auf Privatsphäre oder informationelle Selbstbestimmung – muss der Einsatz zusätzlich dem **Verhältnismäßigkeitsprinzip** genügen. Dieses erfordert, dass jede Maßnahme:

- **geeignet** ist, das angestrebte Ziel zu erreichen,

- **erforderlich**, also das mildeste gleich geeignete Mittel darstellt, und

- **angemessen**, d. h. dass der Nutzen in einem vertretbaren Verhältnis zur Beeinträchtigung der Rechte Dritter steht.

Insbesondere bei der Nutzung von UAS kann es zu Eingriffen in persönliche Rechte oder datenschutzrechtlich relevante Situationen kommen.

Deshalb sollte vor jedem Einsatz sorgfältig geprüft werden, ob der Einsatz verhältnismäßig ist – und ob der konkrete Zweck diesen Eingriff rechtfertigt.

8.1.5.1 Geeignetheit

In diesem Schritt wird geprüft, ob die Maßnahme grundsätzlich geeignet ist, den angestrebten Zweck zu erreichen. Der Einsatz eines unbemannten Fluggeräts gilt dann als geeignet, wenn er zur Zielerreichung beiträgt oder diese zumindest fördert.

Dies ist in der Regel bei allen Einsatzszenarien gegeben, die im Rahmen der originären Aufgabenwahrnehmung von Polizei, Militär oder anderer Behörden erfolgen – insbesondere bei Maßnahmen im Zusammenhang mit Notfällen, Unglücksfällen oder Katastrophen. Hier kann der Einsatz von UAS erfahrungsgemäß einen konkreten Mehrwert liefern, sei es durch Lageerkundung, Dokumentation oder Gefahrenabwehr.

Grundsätzlich kann von einer Geeignetheit ausgegangen werden, wenn der Einsatz durch eine verantwortliche Einsatzleitung veranlasst wurde und im Rahmen der jeweiligen gesetzlichen Zuständigkeit erfolgt.

8.1.5.2 Erforderlichkeit

Bei der Anwendung der Dispensvorschriften gemäß § 30 LuftVG bleibt der allgemeine Verwaltungsgrundsatz grundsätzlich bestehen. Für die Wirksamkeit der Sonderrechte genügt jedoch die Erforderlichkeit der Maßnahme.

Dabei gilt: Der Eingriff darf – im Sinne des Rechtsstaatsprinzips – sachlich, räumlich, zeitlich und personell nicht weiter reichen als unbedingt nötig. Entscheidungsträger:innen müssen prüfen, ob das angestrebte Einsatzziel nicht auch mit anderen, weniger eingreifenden Mitteln erreichbar ist. Gibt es eine gleich geeignete oder sogar bessere Alternative, die Betroffene oder die Allgemeinheit weniger belastet oder deren Rechte geringer einschränkt, so ist diese vorrangig zu wählen.

8.1.5.3 Angemessenheit

Im Rahmen der Gesamtabwägung muss auch die Angemessenheit der Maßnahme geprüft werden. Ein Mittel gilt als angemessen, wenn die zu erwartenden Vorteile des Einsatzes nicht durch die daraus resultierenden Nachteile aufgewogen werden.

Dabei ist insbesondere zu beurteilen, in welchem Ausmaß grundrechtlich geschützte Rechtsgüter der Betroffenen berührt werden und wie schwer der Eingriff wiegt. Handelt es sich lediglich um eine abstrakte Beeinträchtigung – etwa bei Panoramaaufnahmen, in denen Personen nur als Beiwerk erscheinen – liegt regelmäßig kein schwerwiegender Eingriff vor. Anders sieht es bei realen Gefährdungen aus, etwa wenn ein UAS bei einer Veranstaltung abstürzt und Personen verletzt werden. Auch wenn der Einsatz zuvor als geeignet und erforderlich galt, kann er in einem solchen Fall nachträglich als unangemessen beurteilt werden – insbesondere, wenn dadurch erhebliche Gefahren wie Panikreaktionen entstehen.

8.1.6 Zwingende Notwendigkeit

Der Begriff der *zwingenden Notwendigkeit* ist enger gefasst als der der *Erforderlichkeit* und legitimiert im Sinne des § 30 LuftVG die Abweichung von luftverkehrsrechtlichen Verkehrsvorschriften – etwa zum Verhalten im Luftraum – für Polizei und Militär. Eine zwingende Notwendigkeit liegt nur dann vor, wenn die Aufgabenerfüllung *ohne das Abweichen nicht möglich wäre*. Es muss sich also um das *letzte Mittel* handeln – eine mildere, weniger eingreifende Alternative darf nicht bestehen.

Besonders betroffen sind hierbei Vorschriften wie die Mindestflughöhe gemäß § 37 LuftVO oder der Flugplatzzwang gemäß § 25 LuftVG. Während die Mindestflughöhe klar das Verhalten im Luftraum regelt, betrifft der Flugplatzzwang eher den Bodenbetrieb.

Der UAS-Betrieb stellt hier einen Sonderfall dar: Einerseits wird die reguläre Mindestflughöhe von 150 m (nach SERA.5005 lit. f der VO (EU) Nr. 923/2012) regelmäßig unterschritten – UAS operieren meist unter 100 m über Grund. Andererseits erfolgt Start und Landung außerhalb genehmigter Flugplätze – in der Nähe solcher Plätze gilt jedoch ein erhöhtes Luftrisiko, weshalb ein freier Betrieb dort bewusst eingeschränkt ist.

Daraus ergibt sich: Eine zwingende Notwendigkeit zum Abweichen besteht nur in konkreten Gefahrenlagen. Ansonsten sind auch Polizei und Militär gehalten, sich an die geltenden luftverkehrsrechtlichen Regeln zum Verhalten im Luftraum zu halten.

8.2 Behörden (mit und ohne Sicherheitsaufgaben), sowie Organisationen mit Sicherheitsaufgaben, Einsatz Dritten

Das Militär und die Polizei zählen zu den Behörden mit Sicherheitsaufgaben und profitieren zusätzlich von einer besonderen Dispensregelung nach § 21k LuftVO. Diese Vorschrift gewährt ihnen – ebenso wie anderen Behörden und Organisationen mit Sicherheitsaufgaben – Erleichterungen beim Betrieb unbemannter Fluggeräte. Ihr Umfang ist allerdings geringer als die umfassenden Befreiungen gemäß § 30 LuftVG.

Gemäß § 21k LuftVO sind unter anderem die Geozonen nicht anwendbar. Die Vorschrift begünstigt nicht nur Polizei und Militär, sondern auch weitere Behörden sowie Organisationen mit Sicherheitsaufgaben (bspw. Feuerwehren, THW, DLRG, Ordnungsämter), soweit die Einsätze der Wahrnehmung ihrer Aufgaben dienen oder im Zusammenhang mit Not- und Unglücksfällen oder Katastrophen stehen.

Auch Kenntnisnachweise sind für diese Stellen nicht erforderlich (aber sinnvoll). Wichtig ist jedoch, dass sich der UAS-Einsatz auf die Aufgabenerfüllung bezieht.

Wird ein Einsatz durch Dritte durchgeführt, gelten die Sonderrechte ebenfalls – jedoch nur dann, wenn die Maßnahme unter Aufsicht erfolgt. Die aufsichtführende Behörde muss dem beauftragten Dritten einen klar abgegrenzten Auftrag erteilen, insbesondere wenn von Geozonen abgewichen werden soll.

Auch präventive Maßnahmen, Übungen oder Ausbildungen können unter diese Befreiungsregelung fallen, sofern sie im direkten Zusammenhang mit der Aufgabenwahrnehmung stehen. Sobald ein solcher Zusammenhang jedoch fehlt, etwa bei PR-Flügen, Freizeitnutzung oder reinem Testbetrieb ohne einsatzbezogenen Kontext, greifen die Sonderrechte des § 21k LuftVO nicht.

8.2.1 Behörden

Gemäß § 1 Abs. 4 Verwaltungsverfahrensgesetz (VwVfG) ist eine Behörde jede Stelle, die Aufgaben der öffentlichen Verwaltung wahrnimmt. Entscheidend ist dabei nicht die Bezeichnung oder die Person, sondern die organisatorisch selbstständige Einheit, die im eigenen Namen hoheitlich handelt.

Nicht jede interne Verwaltungseinheit erfüllt die Kriterien – etwa reine Service- oder Personalabteilungen ohne Außenwirkung. Maßgeblich ist die Ausübung öffentlicher Aufgaben mit rechtlicher Außenwirkung, typischerweise in Form von Verwaltungsakten oder Allgemeinverfügungen.

Auch beamtenrechtlich wird der Behördenbegriff durch die Dienstherrenfähigkeit eingegrenzt (§ 2 BeamtStG). Diese besitzen insbesondere Bund, Länder, Kommunen sowie Anstalten, Körperschaften und Stiftungen des öffentlichen Rechts.

Zu den Behörden im Sinne des § 21k LuftVO zählen damit u. a.:

- Bundes- und Landesbehörden (z. B. Ministerien, Polizei, Luftfahrtbehörden)

- Kommunalverwaltungen, Landkreise, kreisfreie Städte

- Körperschaften und Anstalten des öffentlichen Rechts mit hoheitlicher Aufgabenwahrnehmung

Problematisch sind hingegen Fälle wie öffentlich-rechtliche Rundfunkanstalten oder bestimmte Eigenbetriebe, die zwar öffentlich-rechtlich organisiert sind, aber keine klassischen Verwaltungsaufgaben mit hoheitlicher Wirkung wahrnehmen. Hier ist im Einzelfall zu prüfen, ob eine Einordnung als „Behörde" im Sinne des Luftverkehrsrechts gerechtfertigt ist.

Ein Beispiel: Die Niedersächsischen Landesforsten als Anstalt des öffentlichen Rechts handeln unter staatlicher Aufsicht, besitzen Dienstherrenfähigkeit und erfüllen mit Aufgaben wie dem Forstschutz oder Naturerhalt klar hoheitliche Funktionen. Jedoch passen die Aufgaben nicht unbedingt in den Sicherheitsbereich. Nicht unter den Behördenbegriff fallen bspw. Medienanstalten wie ARD oder ZDF, da deren Hauptaufgabe nicht hoheitlicher Natur ist.

8.2.2 Behörden mit Sicherheitsaufgaben

Behörden mit Sicherheitsaufgaben sind für die Wahrung der inneren und äußeren Sicherheit der Bundesrepublik Deutschland verantwortlich. Zu den zentralen Institutionen in diesem Bereich zählen insbesondere:

- **Polizeien des Bundes und der Länder** (inkl. Bereitschaftspolizei, Landeskriminalämter, Bundespolizei)

- **Verfassungsschutzbehörden** (Bundesamt und Landesämter für

Verfassungsschutz)

- **Bundesnachrichtendienst (BND)**

- **Militärischer Abschirmdienst (MAD)**

- **Zollbehörden**, insbesondere im Bereich der Finanzkontrolle und Gefahrenabwehr

- **Katastrophenschutzbehörden** (z. B. Landesbehörden, kommunale Krisenstäbe)

- **Feuerwehren**, soweit sie hoheitlich tätig werden

- **Technisches Hilfswerk (THW)** als Bundesanstalt im Bevölkerungsschutz

- **Bundeswehr**, im Rahmen ihrer besonderen Aufgaben nach Art. 87a und Art. 35 GG

Diese Behörden dürfen unter bestimmten Voraussetzungen von Regelungen des Luftverkehrsrechts abweichen, sofern der Einsatz zur Wahrnehmung hoheitlicher Aufgaben zwingend erforderlich ist. Dies betrifft u. a. Maßnahmen zur Gefahrenabwehr, Katastrophenhilfe, Terrorabwehr, Verteidigung oder den Schutz kritischer Infrastrukturen.

8.2.3 Organisationen mit Sicherheitsaufgaben

Neben den Behörden übernehmen auch zahlreiche öffentliche und private Organisationen wichtige Aufgaben im Zivil- und Katastrophenschutz. Viele dieser Organisationen sind als eingetragene Vereine strukturiert und arbeiten überwiegend mit ehrenamtlichen Kräften. Zu den zentralen Akteuren zählen:

- **Deutsche Lebens-Rettungs-Gesellschaft (DLRG):** Die DLRG ist ein gemeinnütziger Verein mit Schwerpunkt auf der Wasserrettung. Sie finanziert sich überwiegend durch Spenden und lebt vom Engagement freiwilliger Helfer:innen.

- **Sanitätsdienste:** Diese Organisationen leisten medizinische Erstversorgung bei Veranstaltungen, im Rettungsdienst oder bei Katastropheneinsätzen. Sie sind meist gemeinnützig und arbeiten mit Ehrenamtlichen. Zu den bekanntesten gehören:

  o Arbeiter-Samariter-Bund (ASB),

  o Deutsches Rotes Kreuz (DRK),

  o Johanniter-Unfall-Hilfe (JUH),

  o Malteser Hilfsdienst (MHD).

- **ARKAT (Arbeitsgemeinschaft der Regieeinheiten/-einrichtungen der Katastrophenschutzbehörden):** Ein koordinierender Zusammenschluss, der sich der fachlichen Vernetzung, Fortbildung und Beratung widmet. ARKAT selbst ist nicht operativ tätig.

Diese Organisationen spielen eine zentrale Rolle bei der Gefahrenabwehr, insbesondere im Bereich der Erstversorgung, Evakuierung und Rettung – und können im Katastrophenfall unter den Sonderregelungen des Luftrechts agieren.

8.3 Sonderrechte auf europäischer Ebene

Mit dem Inkrafttreten der **Durchführungsverordnung (EU) 2019/947** ist die Regelungskompetenz für den Betrieb unbemannter Luftfahrzeugsysteme (UAS) vollständig auf die **Europäische Kommission** und die **EASA** übergegangen. Nationale Vorschriften, wie die früher geltenden Ausnahmen gemäß § 21a Abs. 2 LuftVO, sind durch das neue europäische Recht ersetzt worden. Die zentrale Norm zur Abgrenzung bildet **Artikel 2 Absatz 3 der Verordnung (EU) 2018/1139** („Basisverordnung").

Demnach **finden die europäischen Vorschriften keine Anwendung,** wenn UAS für bestimmte hoheitliche Zwecke betrieben werden, etwa durch:

- Militär,

- Zoll,

- Polizei,

- Such- und Rettungsdienste,

- Feuerwehr,

- Grenzschutz und Küstenwache,

- oder vergleichbare staatliche oder beauftragte Organisationen im öffentlichen Interesse, **unter der Verantwortung eines Mitgliedstaats.**

Dies gilt nicht nur für die Basisverordnung selbst, sondern auch für alle darauf aufbauenden Vorschriften – also auch für die **Delegierte Verordnung (EU) 2019/945** und die **Durchführungsverordnung (EU) 2019/947**.

Somit sind Behörden und Organisationen mit Sicherheitsaufgaben (BOS) **vom EU-Recht ausgenommen**, sofern die Einsätze den genannten Zwecken dienen. Sie dürfen UAS weiterhin unabhängig von den europäischen Betriebskategorien oder Zulassungsanforderungen einsetzen, solange die nationale Gesetzgebung dies nicht anders regelt.

In der juristischen und praktischen Anwendung wird diskutiert, ob auch **Behörden ohne Sicherheitsaufgaben** von dieser Ausnahme profitieren können. Der Wortlaut in Art. 2 Abs. 3 VO (EU) 2018/1139 lässt zwei Auslegungen zu:

1. Weite Auslegung (Öffnungsklausel):

Die Formulierung „oder ähnliche Tätigkeiten oder Dienste im öffentlichen Interesse" kann so verstanden werden, dass **auch Behörden ohne Sicherheitsaufgaben**, die **im öffentlichen Interesse handeln**, von der Ausnahme profitieren können.

2. Enge Auslegung (Sicherheitsbezug erforderlich):

Andererseits legt der Kontext nahe, dass die Ausnahme nur für **sicherheitsbezogene Aufgaben** gelten soll. Dafür spricht:

- Die enge Verknüpfung mit Polizei, Militär und Rettungskräften,

- Erwägungsgrund 10 der VO (EU) 2018/1139,

- und die Einschränkungen der EASA in Bezug auf sogenannte „Opt-in"-Regeln.

Nach dieser Lesart wären **nur BOS mit Sicherheitsauftrag** (wie Polizei, Bundeswehr, Zoll etc.) ausgenommen – nicht etwa allgemeine kommunale Behörden oder Landesämter ohne Sicherheitsaufgabe.

Auswirkungen auf deutsches Recht:

Durch den Geltungsbeginn der EU-Verordnungen und der Einführung von **§ 21k LuftVO** wurde der frühere § 21a Abs. 2 LuftVO überholt und faktisch obsolet. In der aktuellen Rechtslage sind nun nur noch solche Ausnahmen möglich, wie sie **Art. 2 Abs. 3 VO (EU) 2018/1139** vorsieht – also **für hoheitliche Tätigkeiten im sicherheitsrelevanten Bereich.**

In der Praxis bedeutet das: **BOS sind heute in der Regel von EU-Vorgaben befreit**, wenn sie klar unter die genannten Aufgabenbereiche fallen. Für Einsätze ohne Sicherheitsbezug oder für Behörden ohne Sicherheitsaufgaben müssen jedoch weiterhin **europäische und nationale Regelungen beachtet** und ggf. eine **Ermessensprüfung** durchgeführt werden – insbesondere im Hinblick auf Datenschutz, Verhältnismäßigkeit und Gefährdungslagen.

Ein verlässlicher Maßstab für das BOS-Handeln kann dabei das vom BBK herausgegebene Dokument **„EGRED 2 – Empfehlungen für Gemeinsame Regelungen zum Einsatz von Drohnen im Bevölkerungsschutz"** bieten.

8.4 Empfehlungen für Gemeinsame Regelungen zum Einsatz von Drohnen im Bevölkerungsschutz und interne Regelungen

Die Vielzahl an Befreiungsmöglichkeiten für unterschiedlichste Institutionen auf Bundes-, Landes- und kommunaler Ebene führt in der Praxis zu abweichenden Auslegungen und Anwendungen der Sonderregelungen für den Betrieb unbemannter Luftfahrtsysteme (UAS). Um dieser Uneinheitlichkeit entgegenzuwirken und die öffentliche Sicherheit sowie den ordnungsgemäßen Einsatz zu gewährleisten, hat das **Bundesamt für Bevölkerungsschutz und Katastrophenhilfe (BBK)** gemeinsam mit zahlreichen Organisationen mit Sicherheitsaufgaben – darunter DRK, THW, ASB, der Deutsche Feuerwehrverband, die DGzRS und weitere – die **Empfehlungshilfe „EGRED 2"** veröffentlicht.

Diese überarbeitete Version der bisherigen „Empfehlungshilfe für Gemeinsame Regelungen zum Einsatz von Drohnen im Bevölkerungsschutz" bildet einen einheitlichen Rahmen für den sicheren, rechtmäßigen und verhältnismäßigen Drohneneinsatz durch BOS. Die EGRED 2 umfasst neben einem Grundsatzpapier auch praxisorientierte Anhänge, wie:

- Muster für Betriebs- und Einsatzhandbücher,

- Checklisten für die Flugvorbereitung und Einsatzdokumentation,

- Ausbildungsempfehlungen und Kompetenzprofile für Fernpilot:innen.

Ein zentraler Leitgedanke der EGRED 2 lautet: **„Zurückhaltung und Verhältnismäßigkeit im Einsatz"**. Trotz formaler Befreiungen sollen BOS sich möglichst an den Regeln für die Allgemeinheit orientieren – teilweise gehen die empfohlenen Standards in EGRED 2 sogar über gesetzliche Mindestanforderungen hinaus.

Zu beachten ist: Interne Richtlinien der Polizei, Bundespolizei oder Bundeswehr wurden im Rahmen dieser Arbeit nicht veröffentlicht bzw. unterliegen der Geheimhaltung. Es ist jedoch davon auszugehen, dass auch diese Regelwerke ähnliche Maßstäbe hinsichtlich Risikomanagement, Qualifikation und Einsatzverantwortung anlegen – im Einklang mit dem restriktiven, sicherheitsorientierten Ansatz der EGRED 2.

8.4.1 Ausbildungskonzept

Das **Muster-Ausbildungskonzept** der EGRED 2 sieht eine umfassende Qualifizierung für BOS-Fernpilot:innen vor. Es enthält praxisnahe Ausbildungsinhalte, die über die Anforderungen des gesetzlichen Kenntnisnachweises (§ 21k LuftVO) hinausgehen und gezielt auf die besonderen Anforderungen im BOS-Kontext zugeschnitten sind.

Umfang der Ausbildung:

- **62 Unterrichtseinheiten Theorie** à 45 Minuten

- **24 Unterrichtseinheiten Praxis/Theorie-Praxis-Transfer** à 45 Minuten

Inhalte des Teil A (Grundlagenausbildung im BOS-Kontext):

- **Organisationskunde BOS:** Struktur, Einsatzhierarchien, Aufgabenfelder

- **Funk & Kommunikation:** rechtliche und physikalische Grundlagen, Gerätekunde, Funkdisziplin

- **Navigation:** Grundlagen zu Karte, Kompass, Orientierung

- **Gebietskunde & Naturschutz:** besondere Zonen, Geozonen, Umwelt- und Artenschutz

- **Meteorologie:** Wetterkunde, Gefahrenlagen

- **Erste Hilfe:** Notfallmaßnahmen, Verhalten bei Unfällen

Diese Inhalte decken BOS-spezifische Anforderungen ab, die über die üblichen Kenntnisse hinausgehen. Lediglich Navigation und Meteorologie finden sich auch im regulären EU-Kompetenznachweis.

Inhalte des Teil B (UAS-spezifisch):

- **Rechtliche Grundlagen:** Luftrecht, Datenschutz, Strafrecht, föderale Zuständigkeiten

- **Technische Grundlagen:** Funktionsweise, Energieversorgung, Sensorik

- **Meteorologie vertieft:** Einsatzgrenzen, Wetterinterpretation

- **Flugbetrieb & Risikoanalyse**: Flugplanung, Risikobewertung, Störungen, Kommunikation mit Kontrollstellen

- **Praktische Ausbildung I** *(Kleinst-UAS ohne Assistenzsysteme)*: Mindestens 80 Starts/Landungen, Schwerpunkte: Grundsteuerung, Notfallverfahren

- **Praktische Ausbildung II** *(UAS mit Assistenzsystemen)*: Ebenfalls 80 Starts/Landungen, Fokus: sichere Nutzung komplexer Systeme

Prüfung:

- **Theorieprüfung**: schriftlich, mind. 75 % der Fragen richtig zu beantworten

- **Praxisprüfung**: Nachweis über sichere Steuerung, inkl. Notfallverfahren und Szenarienflug

Die EGRED 2 zielt auf eine **freiwillige, aber qualitätsgesicherte Selbstverpflichtung** ab. Sie unterstreicht, dass der Betrieb von UAS im BOS-Kontext mit hoher Verantwortung verbunden ist. Die empfohlenen Standards dienen der Wahrung des staatlichen Vertrauensvorschusses gegenüber BOS und schaffen gleichzeitig eine belastbare Grundlage für den sicheren und rechtlich sauberen Einsatz unbemannter Systeme.

8.4.2 Einsatzorganisation, - Risikobewertung und -Durchführung

Insbesondere die Flugvorbereitung stellt eine zentrale Pflicht für BOS dar. Sie dient dazu, sämtliche verfügbaren Informationen zu sammeln und zu bewerten, die für den geplanten UAS-Betrieb von Bedeutung sind – etwa zu Wetter, Luftraumstruktur, Geozonen, rechtlichen Rahmenbedingungen und potenziellen Gefahren im Einsatzgebiet. Die Empfehlung des Bundesamts für Bevölkerungsschutz und Katastrophenhilfe (BBK) sieht hierzu verbindliche Regelungen vor, die sicherstellen sollen, dass der Betrieb sorgfältig geplant, dokumentiert und verantwortungsvoll durchgeführt wird.

8.4.2.1 Risikobewertung

Auch für Behörden und Organisationen mit Sicherheitsaufgaben (BOS) gilt: Eine sorgfältige Flugvorbereitung ist verpflichtend – insbesondere die Risikoanalyse. Gemäß den Empfehlungen des BBK (EGRED 2) soll vor jedem Einsatz eine generelle sowie eine einsatzspezifische Risikobewertung durchgeführt werden. Dies gilt unabhängig von möglichen Befreiungen nach § 21k LuftVO.

Allgemeine Risikobewertung

Die generelle Risikobewertung orientiert sich an den Grundsätzen des Risikomanagements (Erkennung, Bewertung, Minimierung, Kontrolle). Sie dient der Einschätzung möglicher Gefahren für:

- Bedienpersonal und Einsatzkräfte

- Dritte, Tiere und Umwelt

- Infrastruktur, Verkehr und Luftfahrzeuge

- Akkus und Handhabung der UAS

Die Einstufung erfolgt mithilfe einer standardisierten Risikomatrix nach EGRED 2:

- **Stufe 1 (niedriges Risiko):** Standardmaßnahmen ausreichend

- **Stufe 2 (signifikantes Risiko):** Spezifische Maßnahmen notwendig

- **Stufe 3 (hohes Risiko):** Einsatz nur mit umfangreicher Risikominimierung zulässig

Einsatzspezifische Risikobewertung (SORA-GER-basiert)

Zusätzlich zur allgemeinen Bewertung ist eine einsatzbezogene Bewertung nach dem SORA-GER-Ansatz vorzunehmen. Dabei sind neben den klassischen Parametern auch BOS-spezifische Faktoren zu berücksichtigen:

- Wetterbedingungen, technische Betriebsbereitschaft

- Luftraumstruktur (z. B. Kontrollzonen, Flugbeschränkungen)

- Lagebild und Dringlichkeit des Einsatzes

- Externe Störfaktoren (z. B. Zeitdruck, Sichtbehinderungen, Publikum)

- Chemische, biologische oder explosive Gefahrenlagen

Risikoklassen nach BBK (EGRED 2)

Je nach Risikoeinstufung werden abgestufte Anforderungen empfohlen:

- **Niedrig (1–2):** Beachtung von Checklisten

- **Mittel (3–4):** Flugplanung, Briefing, Alternativpläne, Verbindungsstabilität

- **Hoch (5–7):** Einsatz nur nach Güterabwägung; Information an Einsatzleitung erforderlich („Hochrisikoflug")

Im Unterschied zu zivilen Betreibern nach SORA sind die Anforderungen für BOS durch EGRED 2 praxisnäher und an die operative Realität angepasst. Während bei zivilen Flügenkeine Genehmigung mehr möglich wäre, erlaubt EGRED 2 unter bestimmten Voraussetzungen weiterhin den Einsatz – unter Berücksichtigung des Verhältnismäßigkeitsprinzips und eines klaren BOS-Auftrags.

8.4.2.2 Einsatzorganisation

Laut dem Leitfaden des Bundesamts für Bevölkerungsschutz und Katastrophenhilfe (BBK), konkretisiert in der *Empfehlungshilfe Gemeinsame Regelungen zum Einsatz von Drohnen im Bevölkerungsschutz* (EGRED 2), sollen Einsätze mit unbemannten Luftfahrzeugsystemen (UAS) idealerweise durch speziell ausgebildete UAS-Einheiten erfolgen. Dies dient der Sicherstellung von Verfügbarkeit, Standardisierung und fachlicher Kompetenz im Einsatz.

Die Einheiten sollten der jeweiligen Einsatzleitung benannt und mit ihren Fähigkeiten und Einschränkungen kommuniziert werden. Je nach Organisationsstruktur kann eine UAS-Einheit unterschiedlich eingebunden sein: als eigenständige taktische Einheit, als Bestandteil einer bestehenden Einheit oder als einzelnes UAS-System, das von einer einzelnen Einsatzkraft betrieben wird.

Aufgabenverteilung laut EGRED 2

Die Aufgaben innerhalb der UAS-Einheit werden in drei funktionale Bereiche unterteilt, ergänzt durch unterstützende Rollen:

1. Führungskraft (z. B. Truppführer:in)

- **Führen:** Umsetzung des Einsatzauftrags, Überwachung des Flugbetriebs, Rückmeldung an die Einsatzleitung. Grundlage ist die FwDV 100.

- **Verbinden:** Kommunikation mit anderen Führungsebenen zur Klärung von Einsatzgrenzen, Fähigkeiten und rechtlichen Rahmenbedingungen des Drohneneinsatzes.

2. Fernpilot:in

- **Steuern:** Steuerung und Betrieb des UAS in eigener Verantwortung. Die Fernpilot:in ist für Sicherheit, Rechtmäßigkeit und Durchführung verantwortlich. Eine fundierte Ausbildung nach EGRED 2 wird empfohlen.

3. Weitere Funktionen (optional und einsatzabhängig)

- **Payload-Operator:** Bedienung und Steuerung separater Sensoren, z. B. Wärmebildkamera oder Zoomoptik.

- **Luftraumbeobachter:in (LBR):** Visuelle Überwachung des Luftraums auf bemannten Flugverkehr (z. B. Rettungshubschrauber) und Kommunikation mit der Fernpilot:in. Für LBRs wird – sofern möglich – eine UAS-Grundausbildung empfohlen.

- **Unterstützungspersonal:** Verantwortlich für Logistik, Absicherung von Start- und Landeplätzen, Einhaltung von Sicherheitszonen und Durchführung von Checklisten.

4. Datenauswertung (optional)

- Die Verarbeitung und Analyse der erfassten Daten kann innerhalb oder außerhalb der UAS-Einheit erfolgen. Ziel ist eine lagegerechte Aufbereitung für die Einsatzleitung oder Fachberater:innen.

EGRED 2 betont, dass die personelle Struktur flexibel gehandhabt werden darf, jedoch stets dem Grundsatz der Verhältnismäßigkeit, Sicherheit und Professionalität genügen muss. Wo nur geringe Risiken bestehen, kann auch eine Einzelperson den Betrieb übernehmen – bei komplexen Lagen wird die vollständige Staffelstruktur empfohlen.

8.4.2.3 Koordination bei Großlagen oder mehreren Systemen oder Einheiten.

Bei Großlagen oder komplexen Einsatzszenarien kann es notwendig sein, mehrere UAS-Einheiten gleichzeitig einzusetzen. In solchen Fällen empfiehlt EGRED 2 eine strukturierte Koordination durch speziell benannte Funktionen.

Abschnittsleitung Drohnen: Für die taktische Koordinierung mehrerer UAS-Einheiten sollte eine erfahrene Führungskraft als *Abschnittsleiterin* Drohnen: benannt werden. Diese Person verantwortet die übergeordnete Einsatzplanung der Drohneneinheiten, bestimmt ggf. operative Rollen und stellt die Verbindung zur Gesamteinsatzleitung her.

Flugleitung (optional): Betreiben mehrere UAS denselben Start- und Landeplatz, ist die Einsetzung einer zentralen *Flugleitung* empfehlenswert. Diese Person, die über praktische Erfahrung im Drohnenbetrieb verfügen muss, kann auch in Personalunion mit der Abschnittsleitung fungieren. Zu ihren Aufgaben zählen:

- Koordination des gesamten Flugbetriebs,

- Weitergabe von Anweisungen der Einsatzleitung an die Fernpilot:innen,

- Kommunikation mit Luftaufsicht, Flugsicherung und ggf. Tower,

- Vorfallmanagement und Dokumentation.

Eine Flugleitung kann auch bei Einzelbetrieb notwendig sein – etwa bei schwierigen Bedingungen oder zusätzlichem Luftverkehr.

Fachberatung auf Ebene der Einsatzleitung: Im Katastrophenfall oder bei überörtlicher Koordination kann die Einsatzleitung durch einen *Fachberaterin Drohnen* unterstützt werden. Diese Person bringt spezialisiertes Wissen ein, berät zur Einbindung von UAS in die Gesamtlage und fungiert als Schnittstelle zwischen Drohneneinheiten und übergeordnetem Führungsstab.

8.4.2.4 Einsatzdurchführung

Die Einsatzleitung ist für die Koordination und Dokumentation des UAS-Einsatzes verantwortlich und stellt sicher, dass der Betrieb gemäß den Vorgaben des Betriebshandbuchs erfolgt – mit besonderem Fokus auf die Betriebssicherheit.

Das Betriebshandbuch legt fest:

- **Einsatzvoraussetzungen:** z. B. Mindestausstattung des UAS (z. B. Lichterführung) und Qualifikationen der Beteiligten (Fernpilot*in*, *Luftraumbeobachter*in, Abschnittsleiter*in*, *Flugleiter*in usw.).

- **Sicherheitskriterien:** u. a. Einsatzbereitschaft (personell, technisch, operationell), Ausschlussgründe (Wetter, Technik, Personal) und Abbruchbedingungen (z. B. bei Störungen oder Luftraumkonflikten).

- **Taktik und Ablauf:** einschließlich Flugplanung, Start-/Landeplatzorganisation, Kommunikation, Checklisten, Dokumentation (z. B. Flugbuch) und Nachbereitung (z. B. Nachflugkontrolle).

- **Rechtliche Aspekte:** insbesondere Datenschutz, Datenverarbeitung, Haftung, Versicherung.

- **Notfallmaßnahmen:** Handlungsanweisungen bei Systemausfall, GPS-Verlust, Steuerungsverlust, Kollision oder Absturz.

Damit bildet das Betriebshandbuch die Grundlage für einen sicheren, rechtskonformen und strukturierten Einsatz von UAS im BOS-Kontext.

8.4.2.5 Flugvorbereitung und Flugbetrieb

Ergänzend zu den allgemeinen Flugvorbereitungsverfahren nennt der Leitfaden des BBK spezifische Maßnahmen für BOS-Einsätze. Diese Empfehlungen berücksichtigen operative Gegebenheiten im Bevölkerungsschutz und erweitern die klassischen Verfahren um einsatzspezifische Anforderungen.

Folgende Punkte gelten als verbindlicher Bestandteil einer strukturierten Einsatzvorbereitung:

- **Lageklärung:** Einholen aktueller Einsatzinformationen (Einsatzlage, Wetter, Luftraumstruktur, sensibler Bereiche), Bewertung des erwarteten Luftverkehrs und der technischen Machbarkeit.

- **Einsatzeignung:** Prüfung, ob der Einsatzauftrag mit vorhandener Ausrüstung und unter den gegebenen Umweltbedingungen erfüllbar ist.

- **Luftraumfreigaben:** Ermittlung möglicher Flugbeschränkungen, ggf. Einholung von Genehmigungen (z. B. bei Geozonen, Kontrollzonen, Höhen > 50 m AGL).

- **Kommunikation:** Frühzeitige Information relevanter Stellen wie Leitstelle, Flugsicherung, Polizei oder Veranstalter.

- **Start-/Landeplatzwahl:** Sicherer und abgegrenzter Bereich mit ausreichender Fläche, möglichst außerhalb von Gefahrenzonen.

- **Vorflugkontrollen im Vier-Augen-Prinzip**, u. a. anhand folgender Checklisten

    o Briefing für Fernpilot*in, Luftraumbeobachter*in, Führungskraft (Wetter, Einsatzgebiet, Höhenlimit, Flugverkehr)

    o Risikobewertung Boden (GRC)

    o Risikobewertung Luft (ARC)

    o Kombinierte Risikoabschätzung mit Maßnahmen

Während des Einsatzes sind eine sichere Kommunikation zwischen UAS-Einheit und Einsatzleitung sowie laufende Luftraumbeobachtung sicherzustellen. Bei längeren Einsätzen oder relevanten Luftraumbeteiligungen sollte ggf. ein NOTAM beantragt werden.

9 Normen, die auch für Behörden und Organisationen mit Sicherheitsaufgaben relevant sind oder sein können

Wie bereits dargestellt, gelten für Behörden (mit Ausnahme von Polizei und Bundeswehr) sowie Organisationen mit Sicherheitsaufgaben erleichterte Bedingungen ausschließlich im Hinblick auf bestimmte nationale Vorgaben. Konkret betrifft dies die **Erlaubnispflichten**, den **Kenntnisnachweis** sowie die Möglichkeit, **von den Geozonen abzuweichen**, sofern der Einsatz zur Erfüllung der jeweiligen Aufgaben erfolgt. Darüber hinaus bleiben jedoch sämtliche übrigen **luftverkehrs-, datenschutz- und privatrechtlichen Regelungen** für den Betrieb von unbemannten Fluggeräten auch für BOS uneingeschränkt relevant.

Dies betrifft insbesondere Behörden, da sie gemäß dem **Vorrang des Gesetzes** in ihrem Handeln stets an geltendes Recht gebunden sind. Eine Sonderstellung existiert nur dann, wenn diese durch höherrangige oder speziellere Rechtsvorschriften ausdrücklich eingeräumt wird.

Der folgende Abschnitt gibt einen Überblick über die einschlägigen rechtlichen Grundlagen, die beim Betrieb von UAS durch Behörden und Organisationen mit Sicherheitsaufgaben zu berücksichtigen sind. Neben den zentralen **luftverkehrsrechtlichen Regelungen** werden auch relevante **privatrechtliche Vorschriften**, mögliche **Ordnungswidrigkeiten** sowie potenzielle **Straftatbestände** benannt.

Da unbemannte Fluggeräte im Sinne der europäischen und nationalen Luftverkehrsvorschriften als Luftfahrzeuge gelten, sind sie grundsätzlich an eine Vielzahl von Vorschriften gebunden. Mit der **Verabschiedung der Basisverordnung (EU) 2018/1139** am 4. Juli 2018 ging die Regulierungskompetenz für den zivilen Luftverkehr auf die europäische Ebene über. Die praktische Umsetzung erfolgt seither durch die **Durchführungsverordnung (EU) 2019/947** sowie die **delegierte Verordnung (EU) 2019/945**.

Diese Regelwerke definieren verbindliche Betriebsbedingungen, Sicherheitsanforderungen sowie technische Standards für den UAS-Einsatz innerhalb der EU. Für Behörden und Organisationen mit Sicherheitsaufgaben gelten gemäß **Art. 2 Abs. 3 der Basisverordnung** jedoch weitreichende Ausnahmen, sofern der Einsatz im öffentlichen Interesse und unter hoheitlicher Kontrolle erfolgt. Die Anwendung europäischer Regelungen kann somit für BOS im Einzelfall entfallen – entbindet sie jedoch nicht von nationalen Bestimmungen, sofern diese weiterhin in Kraft sind oder ergänzend wirken.

9.1 Nationales Luftverkehrsrecht

Wie zuvor dargelegt, existieren auf nationaler Ebene zahlreiche Regelwerke, die den Betrieb von Luftfahrzeugen betreffen. Einige dieser Vorschriften aus der bemannten Luftfahrt sind – je nach Ausgestaltung und Sachzusammenhang – auch auf den Betrieb unbemannter Luftfahrzeuge übertragbar. In diesem Abschnitt werden die zentralen nationalen Normen vorgestellt, die für den UAS-Betrieb von besonderer Bedeutung sind.

9.1.1 Luftverkehrsgesetz

Im Rahmen der Flugvorbereitung sind Vorgaben zu beachten, die sich unter anderem aus dem Luftverkehrsgesetz ergeben. Diese betreffen insbesondere die Pflicht zur sorgfältigen Planung und Durchführung von Flügen, um Gefahren für die öffentliche Sicherheit und Ordnung sowie für den Luftverkehr zu vermeiden. Dazu zählen etwa die Berücksichtigung von Luftraumbeschränkungen, die Einholung erforderlicher Freigaben sowie die Sicherstellung der technischen Einsatzbereitschaft des eingesetzten UAS.

9.1.1.1 Alkohol, Drogen und Medikamente, sowie Gesundheitszustand

Für Pilot:innen von bemannten Luftfahrzeugen gilt gemäß § 4a Abs. 1 LuftVG ein striktes Verbot des Flugbetriebs unter Einfluss von Alkohol oder psychoaktiven Substanzen. Dies gilt auch für bestimmte Medikamente, sofern sie die Dienstfähigkeit beeinträchtigen können – es sei denn, ein flugmedizinischer Nachweis bescheinigt die Unbedenklichkeit. Auch körperliche und geistige Fitness sind Voraussetzung für das Führen eines Luftfahrzeugs.

Unklar war lange, ob diese Regelung auch für Fernpilot:*innen gilt. Die Durchführungsverordnung (EU) 2019/947 stellt nun klar: Fernpilot*innen dürfen ihre Aufgaben nicht übernehmen, wenn sie unter Einfluss von Alkohol, Medikamenten oder anderen beeinträchtigenden Faktoren stehen. Ein Verstoß gilt als Ordnungswidrigkeit.

Gerade bei Einsätzen im Katastrophenschutz ist die körperliche und geistige Eignung entscheidend. Dazu gehört auch das Erkennen von Farben – insbesondere Rot-Grün –, da viele Systeme in der Luftfahrt (z. B.

Positionslichter oder Fluglageanzeigen bei DJI-UAS) auf diesen Farbcodes basieren.

9.1.1.2 Vermeidung von Störungen und Fluglärm

Nach § 29b LuftVG sind Flugplatzbetreiber, Luftfahrzeughalter und -führer verpflichtet, vermeidbare Geräusche sowohl in der Luft als auch am Boden zu unterlassen und unvermeidbaren Lärm auf das notwendige Maß zu beschränken. Dies dient dem Schutz der Bevölkerung vor Gefahren, erheblichen Nachteilen oder Belästigungen durch Lärm – mit besonderer Rücksicht auf die Nachtruhe.

Da viele UAS (insbesondere VTOL-Systeme) nahezu überall starten und landen können – auch in der Nähe von Wohngebieten – ist von einem erhöhten Lärmaufkommen auszugehen. Studien zeigen, dass die Bevölkerung auf Geräuschemissionen von UAS besonders sensibel reagiert.

9.1.1.3 Allgemeine Gefahrenabwehr durch die Luftfahrtbehörde

Die Luftfahrtbehörden tragen die Verantwortung, die zivile Bevölkerung sowie andere Luftverkehrsteilnehmer:innen vor Gefahren und Schäden zu schützen. Auch der Betrieb eines UAS durch Behörden oder Organisationen mit Sicherheitsaufgaben kann unter bestimmten Umständen ein Risiko darstellen – etwa wenn Rettungshubschrauber im Einsatzgebiet aktiv sind oder der Flug in einem besonders sensiblen Luftraum erfolgt.

Um potenzielle Gefährdungen zu verhindern, sind die Luftfahrtbehörden befugt, den Betrieb von UAS einzuschränken, mit Auflagen zu versehen oder im Einzelfall zu untersagen. Grundlage für diese Maßnahmen bildet insbesondere § 29 LuftVG, der detailliert regelt, welche Eingriffsbefugnisse den Behörden zur Gefahrenabwehr zustehen. Ergänzend greifen landesrechtliche Vorschriften, etwa aus den Polizeigesetzen der Länder, die auf diesen luftverkehrsrechtlichen Grundlagen aufbauen.

9.1.1.4 Versicherungspflichten

Halter:innen eines zivilen Luftfahrzeugs - also in diesem Fall Behörden oder Organisationen mit Sicherheitsaufgaben - haften deliktisch, aber verschuldensunabhängig schon für deren Betriebsgefahr, wenn außerhalb des jeweiligen Fahrzeugs Schäden an Personen oder Sachen entstehen:[1] Wird beim Betrieb eines Luftfahrzeugs durch Unfall eine Person getötet, Körper oder Gesundheit verletzt oder eine Sache beschädigt, so sind Halter:innen des Luftfahrzeugs verpflichtet, den Schaden zu ersetzen.[2] Hierbei haften Ersatzpflichtige für die Schäden aus einem Unfall bei Luftfahrzeugen unter 500 kg Höchstabflugmasse gem. § 37 Abs. 1 LuftVG bis zu einem Kapitalbetrag von 750.000 SZR (Sonderziehungsrechte). Im Falle der Tötung oder Verletzung einer Person haften Ersatzpflichtige für jede Person bis zu einem Kapitalbetrag von 600.000 € oder bis zu einem Rentenbetrag von jährlich 36.000 €.[3] Halter:innen eines Luftfahrzeugs sind gemäß § 43 Abs. 2 LuftVG verpflichtet, zur Deckung der Haftung auf Schadensersatz eine Haftpflichtversicherung zu

---

[1] Vgl. Giemulla; Schmid (1990/2016), Rn. 3.
[2] Vgl. § 33 Abs. 1 LuftVG.
[3] Vgl. § 37 Abs. 2 LuftVG.

unterhalten. Eine entsprechende Bestätigung über die Haftpflichtversicherung für Drittschäden ist beim Betrieb gemäß § 106 Abs. 2 LuftVZO mitzuführen. Die europäischen Regeln verweisen im Bereich der Versicherungen auf nationale Regelungen.[4]

Bei den eben genannten Regelungen gilt § 43 Abs. 2 S. 1 LuftVG nicht, wenn der Bund oder ein Land Halter des Luftfahrzeugs ist. Aus diesem Grund stellt sich die Frage in wie fern die Versicherungspflichten auch auf Behörden und Organisationen mit Sicherheitsaufgaben außerhalb des Bundes oder des Landes Anwendung finden. Länder und Bund als nicht insolvenzfähige Körperschaften des öffentlichen Rechtes haben immer liquide zu sein, sodass der Vorsorgeaufwand durch Zahlung von Versicherungsprämien gespart werden kann und trotzdem der Ausgleich eines möglichen Schadens sichergestellt ist.[5] Eine ähnliche Regelung findet sich bei kommunalen Behörden und deren beigeordneten Organisationen mit Sicherheitsaufgaben wie Feuerwehren wieder, bei denen der kommunale Schadensausgleich für etwaige verwaltungsbedingte Schäden aufkommt. In beiden Fällen ist fraglich, ob dies auch bei Ermessensfehlern oder Missbrauch gilt und wie weit die Behörden den Steuerer privatrechtlich belangen können.

UAS, die durch öffentlich-bestellte Vermessungsingenieur:innen gehalten werden, dürften nicht unter die Befreiung fallen. Dies ist vergleichbar mit Kraftfahrzeugen. Kraftfahrzeuge des Landes sind gemäß § 2 des

---

[4] Vgl. GM1 zu UAS.SPEC.050 zu VO (EU) 2019/947, vgl. Art. 14 Abs. 2 VO (EU) 2019/947, vgl. UAS.OPEN.020 4) b) VO (EU) 2019/947, ergänzt durch AMC1 zu UAS.OPEN.020(4)(b) und UAS.OPEN.040(3) VO (EU) 2019/947.
[5] Vgl. § 12 InsO.

Gesetzes über die Pflichtversicherung für Kraftfahrzeughalter (Pflicht-versicherungsgesetz) ebenfalls von der Versicherungspflicht befreit. Jene der öffentlich-bestellten Vermessungsingenieur:innen hingegen nicht: Der Aufwand für die Versicherung fällt unter die Betriebsausgaben. Anders als bei Bund und Ländern dürfte das Vermögen von Vermessungsingenieur:innen regelmäßig kaum ausreichen, die im Einzelfall hohen Haftungssummen gesichert aufzubringen. Gleiches dürfte für privatrechtliche Organisationen mit Sicherheitsaufgaben gelten (DRK, DLRG usw.). Hier haftet nicht die öffentliche Hand und somit ist eine Versicherung abzuschließen. Beim Abschluss einer Versicherung gilt es zu beachten, dass der Betrieb über Katastrophengebieten usw. auch Bestandteil der versicherten Risiken ist, da einige Versicherungen einen solchen Betrieb explizit ausschließen und fraglich ist, ob die Stadt oder der Staat im Schadensfall die Haftung übernimmt.

Mit der Übernahme der Aufsicht durch Behörden und Organisationen mit Sicherheitsaufgaben wird auch die entsprechende Haftung für etwaige Schäden übernommen. „Beim Betrieb unter Aufsicht sollte daher sichergestellt sein, dass die aufsichtführende Person umfassende Kenntnisse der hier vorliegenden Gemeinsamen Regelungen hat" und der beauftragte Dritte über ausreichenden Versicherungsschutz verfügt, bzw. eine Sicherstellung des Schadensausgleich erfolgt. Neben dem kommunalen Schadensausgleich bzw. der „Nichtversicherung" unterhalten 83% der befragten Behörden und Organisationen mit Sicherheitsaufgaben eine zusätzliche Haftpflichtversicherung.

Wird ein UAS betrieben, ohne dass hierfür eine Versicherung besteht, so handelt es sich um eine Ordnungswidrigkeit gemäß § 58 Abs. 1 Nr. 15a LuftVG. Kann der mitzuführende Nachweis nicht vorgezeigt werden, so stellt dies eine Ordnungswidrigkeit gemäß § 58 Abs. 1 Nr. 10 LuftVG i. V. m. § 108 Abs. 1 Nr. 5e LuftVZO dar. Insbesondere Organisationen mit Sicherheitsaufgaben, die nicht über den Kommunalen Schadensausgleich o.ä. versichert sind, müssen also eine Kopie der Police stets mitführen um die rechtlichen Vorgaben einzuhalten.

9.1.2 Luftverkehrs-Ordnung

Neben dem Luftverkehrsgesetz stellt die Luftverkehrs-Ordnung für die unbemannte Luftfahrt die wohl wichtigste und umfangreichste Normensammlung dar.

9.1.2.1 Abwerfen von Gegenständen

Gemäß § 13 Abs. 1 LuftVO ist das Abwerfen oder Ablassen von Gegenständen oder Stoffen aus Luftfahrzeugen grundsätzlich verboten. Ausnahmen gelten nur für Ballast wie Wasser oder feinen Sand, Treibstoffe, Schleppseile, Schleppbanner oder vergleichbare Gegenstände – und auch nur dann, wenn dabei keine Gefahr für Personen oder Sachen besteht.

Im zivilen Bereich wurden in der Vergangenheit einzelne Projekte wie Warenlieferungen durch Amazon oder DHL sowie Versuche des Deutschen Zentrums für Luft- und Raumfahrt (DLR) zur Versorgung in abgeschnittenen Krisenregionen durchgeführt. Letztere zielten auf humanitäre Einsätze ab, bei denen Hilfsgüter durch UAS abgeworfen werden sollten.

Seit dem Inkrafttreten der europäischen Drohnenverordnung fällt der gezielte Abwurf von Gegenständen oder Substanzen aus unbemannten Luftfahrzeugen unter die **„spezielle Kategorie"** gemäß Durchführungsverordnung (EU) 2019/947. Für solche Einsätze ist eine Risikobewertung erforderlich (z. B. nach SORA) sowie in der Regel eine behördliche Betriebserlaubnis.

Ein Abwurf ohne entsprechende Genehmigung stellt eine **Ordnungswidrigkeit** gemäß § 58 Abs. 1 Nr. 10 LuftVG i. V. m. § 44 Abs. 1 Nr. 6 LuftVO dar und kann mit einer Geldbuße geahndet werden.

Im BOS-Einsatz – etwa bei der Wasserwacht des DRK – kann der gezielte Abwurf von Rettungsmitteln lebensrettend sein. Grundsätzlich ist das **Abwerfen oder Ablassen von Gegenständen aus Luftfahrzeugen gemäß § 13 Abs. 1 LuftVO verboten.** Dies gilt auch für UAS (Drohnen). Die Handlung fällt **seit Inkrafttreten der europäischen Drohnenverordnung** unter die **spezielle Kategorie** gemäß (EU) 2019/947.

Für Behörden und Organisationen mit Sicherheitsaufgaben (BOS) gilt zwar ein **Dispens gemäß § 21k LuftVO**, sofern der Einsatz im Rahmen der hoheitlichen Aufgaben oder bei Not- und Unglücksfällen erfolgt. Dennoch entbindet dieser Dispens **nicht pauschal vom Abwurfverbot nach § 13 LuftVO**, da dieses Verbot **nicht explizit im Katalog des § 21k LuftVO** enthalten ist. Eine Rücksprache mit der zuständigen Luftfahrtbehörde sollte erfolgen.

9.1.2.2 Schlepp- und Reklameflüge

Gemäß § 15 LuftVO bedarf das Schleppen von Gegenständen grundsätzlich der Erlaubnis der zuständigen Landesluftfahrtbehörde. Dies gilt nicht nur für Reklameflüge, sondern auch für Transporte zu anderen Zwecken – etwa das Schleppen von Defibrillatoren oder Blutkonserven durch BOS.

Im BOS-Einsatz betrifft dies z. B. Transporte durch das DRK oder andere Organisationen mit Sicherheitsaufgaben. Ad-hoc-Schleppflüge sind ohne Genehmigung nicht zulässig.

9.1.2.3 Luftraumordnung und Flugverkehrskontrollfreigabe

Die Luftraumstruktur in Deutschland wird gemäß **§ 16 Abs. 1 LuftVO** durch das Bundesministerium für Digitales und Verkehr (BMDV) festgelegt. Grundlage bilden die Vorgaben der **Durchführungsverordnung (EU) Nr. 923/2012 (SERA)**. Für den UAS-Betrieb relevant sind insbesondere die Lufträume **G** (Golf) und **D-CTR** (Kontrollzonen), da die meisten Drohnen unterhalb von 100 m betrieben werden.

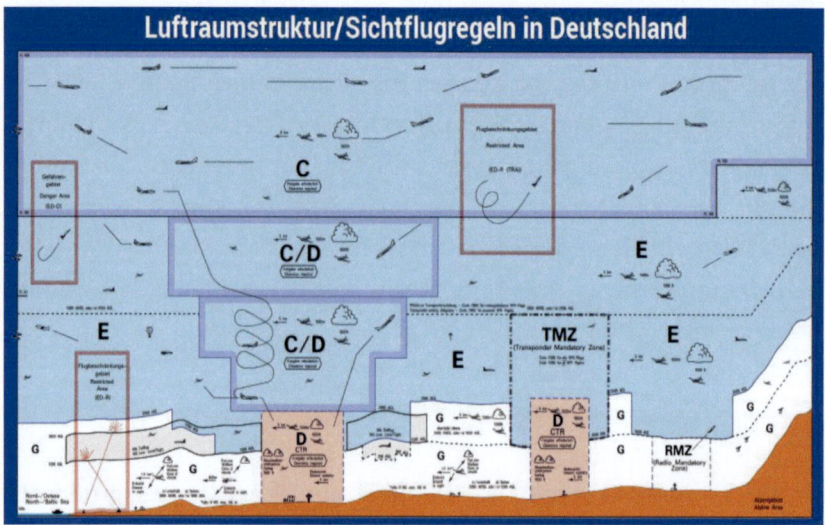

Quelle: Mit freundlicher Genehmigung der DFS Deutsche Flugsicherung GmbH & der R. Eisenschmidt GmbH

Luftraum G – Der Standardluftraum für UAS

- Reicht vom Boden bis max. 762 m (2.500 ft) über Grund.

136

- Keine Flugverkehrskontrollfreigabe notwendig.

- Betrieb nach Sichtflugregeln (VLOS) erforderlich, Wolkenflug ist verboten.

- Flugsicht mind. 1,5 km, Hindernisse müssen sichtbar sein.

- In Flughafennähe kann die Obergrenze reduziert sein.

Luftraum D (CTR) – Kontrollzone

- Reicht meist vom Boden bis ca. 2.500 ft über Grund.

- **Freigabe durch die Flugverkehrskontrollstelle** erforderlich (ab 50 m AGL).

- Für Höhen **unter 50 m AGL** gelten **Allgemeinverfügungen**, die einen pauschalen Betrieb zulassen, sofern bestimmte Bedingungen erfüllt sind:

  o Sichtweite ohne technische Hilfsmittel.

  o Max. 25 kg MTOM.

  o Kein autonomer Flug.

  o Abstände zu Flugplatzgrenzen beachten (min. 1,5 km).

  o Notfälle sofort melden.

  o **BOS-Einsätze unterliegen Sonderregelungen**, sofern sicherheitsrelevant.

Luftraum C & E – Kontrollierter Luftraum

- **Luftraum C**: oberhalb FL100 bzw. über Kontrollzonen → keine Relevanz für gewöhnliche UAS-Einsätze.

- **Luftraum E**: ab 762 m AGL bis FL100. Für UAS grundsätzlich **freigabepflichtig**.

Weitere relevante Luftraumzonen

- **TMZ (Transponder Mandatory Zone)**: Transponderpflicht – für UAS mit entsprechender Ausrüstung nur in Sonderfällen nutzbar.

- **RMZ (Radio Mandatory Zone)**: Erfordert Funkverbindung zur Flugsicherung oder Mobilfunk-Rufbereitschaft.

- **ATZ (Aerodrome Traffic Zone)**: Nur Einflug zum Starten und Landen erlaubt – z. B. Egelsbach.

ED-R (Restricted Areas) sind spezielle Lufträume, die gemäß § 17 **LuftVO** vom **Bundesministerium für Digitales und Verkehr (BMDV)** eingerichtet werden. Sie dienen dem Schutz der öffentlichen Sicherheit, insbesondere der Luftverkehrssicherheit.

Flug ist dort nur erlaubt, wenn:

- die jeweiligen **Beschränkungen** es ausdrücklich zulassen oder

- eine **Genehmigung** des **BAF** oder der **Flugverkehrskontrollstelle** vorliegt.

ED-R sind oft **zeitlich begrenzt (TRA)** oder **dauerhaft**, z. B. bei:

- militärischen Übungsräumen

- Atomkraftwerken

- Regierungsgebäuden

Ein unerlaubter Flug in einem ED-R ist eine **Straftat nach § 62 LuftVG** und kann mit bis zu **2 Jahren Freiheitsstrafe**geahndet werden – auch für BOS.

Ergänzung: ED-D (Danger Areas): ED-D-Gebiete liegen meist auf hoher See und kennzeichnen potenzielle Gefahrenzonen (z. B. durch militärische Tests). Sie sind rechtlich **nicht genehmigungspflichtig**, da sie außerhalb des nationalen Luftraums liegen.

Relevanz für BOS: Seenotrettung, Umweltüberwachung auf See (Öl, Abgase etc.)

9.1.2.4 Außenstarts und Außenlandungen

Für bemannte Luftfahrzeuge sind Starts und Landungen außerhalb genehmigter Flugplätze gemäß **§ 18 LuftVO** und **§ 25 Abs. 1 LuftVG** erlaubnispflichtig.
Diese Regelung findet derzeit **keine Anwendung auf unbemannte Luftfahrtsysteme (UAS)**, da diese meist in geringen Höhen (unter 100 m) betrieben werden und gerade auf Flugplätzen **ein erhöhtes Sicherheitsrisiko darstellen**.

Mit dem möglichen künftigen Einsatz **autonomer Transport-UAS** (z. B. für Fluggäste oder Patienten) könnte sich dies jedoch ändern – dann wären die Regelungen wohl **analog anzuwenden**.

Ausnahme: Landungen zur **Gefahrenabwehr** oder bei **Gefahr für Leib und Leben** sind erlaubnisfrei. Für **BOS-Einsätze** ist die Vorschrift daher aktuell **nur selten relevant**.

9.1.3 Luftverkehrs-Zulassungs-Ordnung (LuftVZO)

Die **Luftverkehrszulassungsordnung (LuftVZO)** gilt **auch für Behörden und Organisationen mit Sicherheitsaufgaben (BOS)**, da sie **nicht** unter die **Befreiungen des § 21k LuftVO** fällt.

Für den UAS-Betrieb durch BOS sind besonders folgende Bereiche der LuftVZO relevant:

- Versicherungspflichten,

- Zulassungs- und Eintragungspflichten,

- Kennzeichnungsvorgaben.

Eine **Musterzulassung** ist aktuell nur für Flugmodelle **über 25 kg** (§ 1 Abs. 1 Nr. 8 LuftVZO) erforderlich. Ab **150 kg**Startmasse ist eine **Verkehrszulassung** gemäß **§ 6 Abs. 1 Nr. 8 LuftVZO** notwendig. Diese Regelungen sind im BOS-Kontext meist nicht relevant, können aber mit Einführung der **zulassungspflichtigen Kategorie** nach **EU-Verordnung 2019/947** zukünftig bedeutsamer werden.

Die **Kennzeichnungspflicht** gemäß **§ 19 Abs. 3 LuftVZO** gilt **auch für BOS**. Wird diese **nicht, fehlerhaft oder unvollständig** erfüllt, liegt eine **Ordnungswidrigkeit** vor (§ 58 Abs. 1 Nr. 10 LuftVG i. V. m. § 108 Abs. 1 Nr. 3 LuftVZO), die sich gegen eine **natürliche Person** richten kann.

9.2 Datenschutz, Persönlichkeitsrechte und weitere Rechte Dritter

Datenschutz und Persönlichkeitsrechte sind besonders schützenswerte Rechtsgüter und finden sich sowohl in zahlreichen Verboten der sogenannten „Drohnenverordnung" als auch in weiteren Gesetzen und Verordnungen wieder. Da nahezu alle UAS über hochauflösende Kameras verfügen, besteht ein erhebliches Risiko, dass **personenbezogene Daten erfasst** oder die **Privatsphäre verletzt** wird.

Gerade **UAS von BOS**, die für Such- und Rettungseinsätze eingesetzt werden, sind oft mit leistungsstarken Sensoren ausgestattet – wodurch eine **unbeabsichtigte oder rechtlich kritische Erfassung sensibler Daten** möglich ist.

9.2.1 Schutzrechte aus dem Grundgesetz (Eigentumsrechte und Persönlichkeitsrechte)

Art. 14 GG schützt das Eigentum, doch der Luftraum über einem Grundstück gehört nicht uneingeschränkt dem Eigentümer. Überflüge – insbesondere in größerer Höhe – gelten grundsätzlich als zulässig, da der Luftraum gemäß § 1 Abs. 1 LuftVG „frei" ist. Ein Unterlassungsanspruch nach § 1004 BGB besteht nur bei missbräuchlicher oder schikanöser Nutzung, z. B. bei tieffliegenden, störenden UAS-Einsätzen.

Anders verhält es sich, wenn bei einem Überflug Bild- oder Tonaufnahmen entstehen. Diese können das **allgemeine Persönlichkeitsrecht** verletzen und Ansprüche aus §§ 1004, 823 BGB oder sogar strafrechtliche Konsequenzen (§ 201a StGB) nach sich ziehen. Berührt sein können auch Grundrechte wie **Art. 1 GG (Menschenwürde), Art. 2 GG (freie Entfaltung)** oder **Art. 13 GG (Unverletzlichkeit der Wohnung).**

Auch Behörden und Organisationen mit Sicherheitsaufgaben (BOS) müssen diese Rechte grundsätzlich achten. Allerdings können im Katastrophenfall bestimmte Grundrechte durch landesrechtliche Vorschriften eingeschränkt werden – etwa nach § 34 des Niedersächsischen Katastrophenschutzgesetzes.

9.2.2 Datenschutz

Der Einsatz unbemannter Luftfahrzeuge (UAS) berührt regelmäßig datenschutzrechtliche Belange – insbesondere auf Basis der **DSGVO,** des **Bundesdatenschutzgesetzes (BDSG)** sowie entsprechender Landesgesetze. Neben Bild- und Tondaten werden häufig auch GPS-Daten, Zeitstempel und weitere personenbeziehbare Informationen erfasst, wie z. B. Kfz-Kennzeichen oder Adressdaten.

Die Verarbeitung personenbezogener Daten ist **nur zulässig,** wenn ein rechtmäßiger Zweck besteht (z. B. Gefahrenabwehr, Katastrophenschutz) und die Grundsätze der Datenminimierung und Zweckbindung eingehalten werden. **Eine Einwilligung der betroffenen Person** ist alternativ möglich – sofern praktikabel. Daten dürfen **ausschließlich für einsatztaktische Zwecke,** für Aus- und Fortbildungen oder Übungen genutzt werden und sind zu **löschen,** sobald sie nicht mehr benötigt werden.

Um Transparenz zu schaffen, sollten **Hinweisschilder auf UAS-Einsätze** aufmerksam machen. Zusätzlich sind **Unkenntlichmachungen (z. B. Verpixelungen)** vorzunehmen, wenn Aufnahmen nicht anders anonymisiert werden können.

Bei Verstößen drohen neben **zivilrechtlichen Ansprüchen nach § 823 BGB** auch **Schadenersatzforderungen nach Art. 82 DSGVO**. BOS dürfen daher nur unter Einhaltung datenschutzrechtlicher Vorgaben beobachten oder aufzeichnen – und müssen stets zwischen Einsatzerfordernis und Persönlichkeitsrechten abwägen.

9.3 Weitere Straftaten und Ordnungswidrigkeiten

Verstöße im Zusammenhang mit dem Einsatz unbemannter Luftfahrzeuge (UAS) können als Ordnungswidrigkeiten (§ 58 LuftVG) mit Bußgeldern bis 50.000 € (bei EU-Vorgaben bis 30.000 €) oder sogar als Straftaten geahndet werden. Auch BOS unterliegen grundsätzlich diesen Normen – im Einsatzfall können jedoch Befreiungen durch Katastrophenschutzgesetze greifen. Übungseinsätze oder anderweitige Nutzungen bleiben hingegen rechtlich sensibler.

Beispielhafte Normverstöße:

- **Unzulässige Frequenzen (§ 149 TKG):** Nutzung nicht zugeteilter Frequenzen – relevant bei Eigenbauten oder Spezialsystemen.

- **Naturschutzvergehen (§ 69 BNatSchG, § 39 BJagdG):** Beunruhigung von Wildtieren oder Betrieb in Schutzgebieten kann bußgeldbewehrt sein – besonders kritisch bei Übungen.

- **Verletzung höchstpersönlicher Rechte (§ 201a StGB):** Unerlaubte Bildaufnahmen von hilflosen Personen (z. B. bei Rettungseinsätzen) sind strafbar.

- **Militärische Einrichtungen (§ 109g StGB):** Unerlaubte Aufnahmen militärischer Objekte aus der Luft können als sicherheitsgefährdend gelten.

- **Unerlaubtes Betreten fremder Grundstücke (§ 123 StGB):** Start oder Landung ohne Zustimmung kann als Hausfriedensbruch gewertet werden – außerhalb von Einsätzen problematisch.

- **Gefährlicher Eingriff in Verkehrsbereiche (§§ 315, 315a StGB):** Unsachgemäßer Betrieb mit Gefährdung von Personen oder Luftfahrzeugen ist strafbar – etwa bei Kollisionen mit Rettungshubschraubern.

- **Kommunale Flugverbotszonen:** Einige Städte (z. B. Wolfsburg) haben per Satzung Flugverbotszonen definiert, deren Missachtung als Ordnungswidrigkeit geahndet werden kann.

Hinweis: Im Katastrophenschutz können viele dieser Normen durch spezialgesetzliche Regelungen eingeschränkt oder aufgehoben sein. Bei Übungen oder präventiven Flügen gelten diese Ausnahmen in der Regel nicht – BOS sollten daher vorab prüfen, ob ein rechtlicher Rahmen wie eine Allgemeinerlaubnis oder eine Genehmigung erforderlich ist. Eine enge Abstimmung mit Behörden und klare Einsatzkonzepte helfen, Rechtsverstöße zu vermeiden.

10 Konsequenzen für rechtswidrigen Einsatz von Drohnen durch Behörden und Organisationen mit Sicherheitsaufgaben und Haftungsansprüche

Wird ein UAS-Einsatz rechtswidrig oder unverhältnismäßig durchgeführt, kann dies eine Amtspflichtverletzung darstellen. Wie bereits in Abschnitt 7 erläutert, verfügen nicht alle Behörden und Organisationen mit Sicherheitsaufgaben über identische Sonderrechte. Vielmehr stoßen sie an die Grenzen von Dispensregelungen oder kollidieren mit anderen Schutzvorschriften. In diesem Abschnitt wird aufgezeigt:

- welche haftungsrechtlichen Konsequenzen für Fernpilot:innen bestehen,

- wann Haftungsprivilegien greifen können und

- welche Stellen im Falle eines Schadens verantwortlich sind.

Dabei wird deutlich, dass sich die Haftung zwischen den einzelnen Behörden und Organisationen unterscheiden kann – abhängig von deren Rechtsform, Aufgabenwahrnehmung und vorhandenen Sonderrechten.

10.1 Fragen der Haftung und Verantwortlichkeiten

Insbesondere bei Rettungseinsätzen und beim Einsatz in Katastrophenfällen kann es zur Beschädigung von Eigentum oder Verletzungen von zu rettenden Personen kommen. Fraglich hierbei ist, wer und ab welchem Grad der Pflichtverletzung Haftungsansprüche geltend machen kann.

10.1.1 Mögliche Verantwortliche

Beim Betrieb eines UAS können verschiedene Personen in die Verantwortung genommen werden:

- **Fernpilot:in:** Trägt meist die unmittelbare Verantwortung, insbesondere bei Bedienfehlern. Bei technischem Versagen ist die Haftung schwerer zuzuordnen.

- **Abschnittsleitung:** Kann bei fehlerhafter Koordination haftbar gemacht werden.

- **Flugleiter:in:** Trägt Verantwortung für die operative Koordination an der Start-/Landezone.

- **Einsatzleitung:** Gesamtverantwortung – haftet bei groben Fehlentscheidungen.

- **Trägerorganisation (Kommune, Verein etc.):** Kann als juristische Person gesamtschuldnerisch haften.

Grundlage für Amtshaftung ist § 839 BGB i. V. m. Art. 34 GG. Bei **fahrlässigem Verhalten** haftet primär der Dienstherr, Rückgriff ist nur bei **Vorsatz oder grober Fahrlässigkeit** möglich. „Grobe Fahrlässigkeit" liegt vor, wenn grundlegende Sorgfaltspflichten in besonders schwerem Maße verletzt werden.

Für **ehrenamtliche Helfer:innen** (z. B. im Katastrophenschutz) gelten gemäß § 19 NKatSG dieselben Grundsätze. Auch nicht-beamtete Angestellte (TVöD/TV-L) haften nur bei Vorsatz oder grober Fahrlässigkeit – abhängig von der Schwere des Verschuldens und unter Berücksichtigung ihrer Einkommensverhältnisse.

Im Ergebnis haften vorrangig natürliche Personen für Pflichtverletzungen, juristische Personen (Träger) jedoch im Regelfall als erste Instanz – insbesondere bei einfacher Fahrlässigkeit.

10.1.2 Haftungsprivileg

In bestimmten Situationen können sich Helfer:innen auf das sogenannte **Haftungsprivileg** nach § 680 BGB berufen. Bei der **Abwendung einer dringenden Gefahr für den Geschäftsherrn** haften sie **nur bei Vorsatz oder grober Fahrlässigkeit**. Ziel dieser Regelung ist es, schnelle Hilfe zu ermöglichen, ohne lange über Risiken nachdenken zu müssen.

Allerdings gilt das Privileg **nicht uneingeschränkt**:

- **Ausgebildete Einsatzkräfte** (z. B. Feuerwehr) werden häufig strenger bewertet – hier kann schneller grobe Fahrlässigkeit unterstellt werden.

- **Bei regulären Einsätzen**, etwa im Straßenverkehr, erfolgt die Haftung **verschuldensabhängig**.

Gerichte haben in verschiedenen Fällen unterschiedlich geurteilt – maßgeblich war stets die **Erforderlichkeit der Maßnahme**. Wird über das notwendige Maß hinaus gehandelt, können Helfer:innen oder ihre Träger haftbar gemacht werden.

10.1.3 Haftung in Ehrenamt und Vereinen

Für ehrenamtlich tätige Personen – auch im BOS-Bereich – gilt eine besondere Haftungsregel: Erhalten sie für ihre Tätigkeit eine Vergütung von maximal **720 Euro jährlich**, haften sie gegenüber dem Verein gemäß **§ 31a BGB nur bei Vorsatz oder grober Fahrlässigkeit.**

Problematisch bleibt jedoch die **Abgrenzung zwischen leichter und grober Fahrlässigkeit**, da diese immer vom **Einzelfall abhängt** und oft schwer zu beurteilen ist.

10.2 Dienstrechtliche Schritte und Sanktionen von Ordnungswidrigkeiten und Straftaten

Bei einer **Verletzung der Dienstpflicht** können insbesondere **hauptamtliche Mitarbeiter:innen** mit dienstrechtlichen Konsequenzen rechnen – etwa **Abmahnungen oder Disziplinarmaßnahmen**. Auch Vorgesetzte können je nach Fall mitverantwortlich sein.

Liegt zusätzlich ein **Verstoß gegen Straf- oder Ordnungsrecht** vor, haften in der Regel die **Fernpilot:innen persönlich**. Dies kann **Bußgelder** oder in schweren Fällen sogar **Haftstrafen** nach sich ziehen – etwa bei einem **unerlaubten Betrieb in einem Flugbeschränkungsgebiet.**

10.3 Haftung bei dem Einsatz von BOS-Fremden Dritten

Verfügen Behörden oder Organisationen mit Sicherheitsaufgaben (BOS) über keine eigenen UAS, können **externe Dritte** in den Einsatz eingebunden werden. Der Betrieb erfolgt dann **unter der Aufsicht der BOS**, die somit die **Verantwortung für den rechtmäßigen Ablauf** übernehmen.

Werden dabei **Vorgaben missachtet** oder **Pflichten verletzt,** haften die BOS – insbesondere **hinsichtlich Schadenersatzes oder möglicher Sanktionen.** Die Verantwortung kann **nicht auf die Dritten abgewälzt** werden.

11 Fazit

Unbemannte Luftfahrzeugsysteme (UAS) bieten BOS erhebliche Vorteile – etwa bei Lageerkundung, Personensuche oder Dokumentation. Aufgrund sinkender Kosten und zunehmender technischer Reife werden UAS künftig verstärkt im BOS-Bereich eingesetzt, insbesondere leichte Multikopter unter 25 kg.

Trotz Sonderregelungen nach § 21k LuftVO gilt: BOS unterliegen weiterhin zahlreichen luftverkehrsrechtlichen, datenschutzrechtlichen und zivilrechtlichen Anforderungen. Viele Betreiber:innen sind nicht ausreichend qualifiziert – ein Missverständnis über die tatsächliche Reichweite der Sonderrechte führt häufig zu rechtlich unsicheren Einsätzen. Auch Datenschutz, Persönlichkeitsrechte und Natur- oder Eigentumsschutz spielen eine zentrale Rolle.

Die Komplexität der Rechtslage wird durch europäische Übergangsregelungen und konkurrierende Zuständigkeiten weiter erhöht. Der BBK-Leitfaden bietet erste Orientierung, ist jedoch nicht verbindlich und deckt nicht alle BOS ab. Polizei und Militär verfügen über weitergehende Rechte – auch diese unterliegen jedoch rechtlichen Grenzen und Ermessensprüfungen.

Insgesamt zeigt sich: Der Betrieb von UAS durch BOS ist rechtlich anspruchsvoll. Der vermeintlich großzügige Erlaubnisrahmen wird durch zahlreiche Pflichten relativiert. Eine künftige europäische Vereinheitlichung ist dringend erforderlich – nicht zuletzt, um die Rechtssicherheit für BOS und ihre Einsatzkräfte zu erhöhen.

12 Literatur und Quellen

A. Abdullah, Qassim (2019): Classification of the Unmanned Aerial Systems. Pennsylvania: The Pennsylvania State University. Online verfügbar unter https://www.e-education.psu.edu/geog892/node/5, zuletzt aufgerufen am 10.06.2020.

Aerokurier (2015): Ultraleichtflugzeug – Der Weg zur Lizenz. Online verfügbar unter https://www.aerokurier.de/job/der-weg-zur-ul-lizenz-ultraleichtflugzeug-der-weg-zur-lizenz/, zuletzt aufgerufen am 10.06.2020.

ARD (2020): Impressum. Online verfügbar unter https://www.ard.de/home/ard/Impressum_ARD_de/77958/index.html, zuletzt aufgerufen am 10.06.2020.

Austro Control (2012): Austro Control – Sicherheit liegt in der Luft. Online verfügbar unter http://www.attc.at/wp-content/uploads/2012/03/120214_ATTC-Kaminabend-ACG.pdf, zuletzt aufgerufen am 10.06.2020.

Ballof, Ferdinand (2020): Versicherungen. Online verfügbar unter https://www.haufe.de/finance/haufe-finance-office-premium/versicherungen-diese-arten-sind-als-betriebsausgaben-ab-3-behandlung-einzelner-versicherungsarten_idesk_PI20354_HI1903051.html, zuletzt aufgerufen am 19.06.2020.

BAZL-RPAS Working Group – Bundesamt für Zivil-Luftfahrt (2016): Zivile Drohnen in der Schweiz – Eine neue Herausforderung. Online verfügbar unter https://www.bazl.admin.ch/dam/bazl/de/dokumente/Gut_zu_wissen/Drohnen_und_Flugmodelle/Bericht%20zivile%20Drohnen.pdf.download.pdf/Bericht%20_Zivi-le%20Drohnen.pdf, zuletzt aufgerufen am 10.06.2020.

Beck, Maximilian (2017a): Dr. Drohne - Bewertung geplanter Normen zur Regulierung ziviler Drohnen anhand von ökonomischen Interessen und gesellschaftlichen Risiken. Norderstedt: BoD – Books on Demand.

Beck, Maximilian (2017b): Drohnen Guide Band 1: Basiswissen für den Kenntnisnachweis. Egelsbach: R. Eisenschmidt GmbH.

Beck, Maximilian (2018): Drohnen Guide Band 2: Risikomanagement für zivile Drohnen und SORA. Egelsbach: R. Eisenschmidt GmbH.

Beck, Maximilian (2019): Freiflug für Behörden? In: Drohnenmagazin 1/2019. Berlin: Aeromedia Verlag GmbH & Co. KG.

Beck, Maximilian (2020a): Drohnenverordnung Adieu!?!? In: Drohnenmagazin 1/2020. Berlin: Aeromedia Verlag GmbH & Co. KG.

Beck, Maximilian (2020b): Droh(n)t der Blackout? In: Drohnenmagazin 2/2020. Berlin: Aeromedia Verlag GmbH & Co. KG.

Beck, Maximilian (2020c): BVLOS mit dem Tilt-Rotor. In: Drohnenmagazin 3/2020. Berlin: Aeromedia Verlag GmbH & Co. KG.

Bogumil, Jörg; **Jann**, Werner (2009): Verwaltung und Verwaltungswissenschaft in Deutschland. 2., völlig überarbeitete Auflage. Wiesbaden: VS Verlag für Sozialwissenschaften I GWV Fachverlage GmbH.

Biermann, Kai; **Wiegold**, Thomas (2015): Drohnen: Chancen und Gefahren einer neuen Technik. Berlin: Christoph Links Verlag GmbH.

Brahms, Dr. Florian; **Maslaton**, Prof. Dr. Martin (2016): Die gewerbliche Nutzung von Drohnen im Lichte der geplanten Novelle der LuftVO. In: Neue Zeitschrift für Verwaltungsrecht 16 2016, 1125.

Braunschweiger Zeitung (BZ) (2020): Test: Drohnen überwachen Zaun des Flughafens Braunschweig. Online verfügbar unter https://www.braunschweiger-zeitung.de/braunschweig/article228270805/Test-Drohnen-ueberwachen-Zaun-des-Flughafens-Braunschweig.html, zuletzt aufgerufen am 10.06.2020.

Bund-Länder-Arbeitsgruppe UAS und Flugmodelle (BLAG-UAS/FM): Informationen für Behörden zur Anwendung der §§ 21a Abs. 2 Satz 1 Nr. 1, 21b Abs. 1 Satz 1 Luftverkehrs-Ordnung. Online verfügbar unter https://www.google.com/url?sa=t&rct=j&q=&esrc=s&source=web&cd=&cad=rja&uact=8&ved=2ahUKEwilxO7lwN3qAhUhNOwKHaIfBy8QFjAAegQIBRAB&url=https%3A%2F%2Fwww.lds.sachsen.de%2Fanlagen%2FgetData2.asp%3FID%3D13686%26art_param%3D463&usg=AOvVaw22JfRUv_s2gpAlUUlXn61g, zuletzt aufgerufen am 20.07.2020.

Bundesamt für Bevölkerungsschutz und Katastrophenhilfe (BBK) (2019a): Empfehlungen für Gemeinsame Regelungen zum Einsatz von Drohnen im Bevölkerungsschutz. Online verfügbar unter https://www.bbk.bund.de/DE/AufgabenundAusstattung/Krisenmanagement/Drohnen/Drohnen_einstieg.html, zuletzt aufgerufen am 10.06.2020.

Bundesamt für Bevölkerungsschutz und Katastrophenhilfe (BBK) (2019b): Zivilschutz. Online verfügbar unter https://www.bbk.bund.de/DE/AufgabenundAusstattung/Zivilschutz/Zivischutz_node.html, zuletzt aufgerufen am 10.06.2020.

Bundesamt für Bevölkerungsschutz und Katastrophenhilfe (BBK) (2020): Das Bundesamt für Bevölkerungsschutz und Katastrophenhilfe. Online verfügbar unter https://www.bbk.bund.de/DE/DasBBK/UeberdasBBK/ueberdasbbk_node.html, zuletzt aufgerufen am 10.06.2020.

Bundesamt für Bevölkerungsschutz und Katastrophenhilfe (BBK) (2024): Empfehlungen für meinsame Regelungenm Einsatz von Drohnen im Bevölkerungsschutz – EGRED 2-. Online verfügbar unter https://www.bbk.bund.de/SharedDocs/Downloads/DE/Mediathek/Publikationen/Krisenmanagement/EGRED2.pdf?__blob=publicationFile&v=25, zuletzt aufgerufen am 24.11.2024.

Bundesanwaltschaft (2020): Unsere Aufgaben. Online verfügbar unter https://www.generalbundesanwalt.de/DE/Unsere_Aufgaben/Unsere_Aufgaben_node.html, zuletzt aufgerufen am 18.06.2020.

Bundesausichtsamt für Flugsicherung (BAF) (2019a): Aufgaben. Online verfügbar unter https://www.baf.bund.de/DE/BAF/Aufgaben/aufgaben_node.html, zuletzt aufgerufen am 10.06.2020.

Bundesausichtsamt für Flugsicherung (BAF) (2019b): Durchflug in Gebieten mit Flugbeschränkungen (ED-R). Online verfügbar unter https://www.baf.bund.de/DE/Themen/Luftraum_Flugverfahren_Recht/Flugbeschraenkungsgebiete_UAS/Flugbeschraenkungsgebiete_UAS_node.html, zuletzt aufgerufen am 10.06.2020.

Bundesamt für Verkehr und digitale Infrastruktur (BMVI) (2019a): Das Ministerium stellt sich vor. Online verfügbar unter https://www.bmvi.de/DE/Ministerium/Aufgaben-Struktur/aufgaben-struktur.html, zuletzt aufgerufen am 10.06.2020.

Bundesanstalt Technisches Hilfswerk (THW) (2020a): Das THW. Online verfügbar unter https://www.thw.de/DE/THW/thw_node.html?noMobile=1, zuletzt aufgerufen am 10.06.2020.

Bundesanstalt Technisches Hilfswerk (THW) (2020b): Einheiten und Technik. Online verfügbar unter https://www.thw.de/DE/Einheiten-Technik/einheiten-technik_node.html, zuletzt aufgerufen am 10.06.2020.

Bundesministerium für Verkehr und digitale Infrastruktur (BMVI) (2019b): Organigramm. Online verfügbar unter https://www.bmvi.de/SharedDocs/DE/Anlage/Z/organigramm.pdf?__blob=publicationFile , zuletzt aufgerufen am 10.06.2020.

Bundesministerium für Verkehr und digitale Infrastruktur (BMVI) (2020): Unbemannte Luftfahrtsysteme und innovative Luftfahrtkonzepte - Aktionsplan der Bundesregierung. Online verfügbar unter https://www.bmvi.de/SharedDocs/DE/Anlage/DG/aktionsplan-drohnen.pdf?__blob=publicationFile, zuletzt aufgerufen am 10.06.2020.

Bundesministerium für Wirtschaft und Energie (BMWi) (2019): ... mit Drohnen - Unbemanntes Fliegen im Dienst von Mensch, Natur und Gesellschaft. Online verfügbar unter https://www.bmwi.de/Redaktion/DE/Publikationen/Technologie/drohnen-unbemanntes-fliegen.pdf?__blob=publicationFile&v=14, zuletzt aufgerufen am 10.06.2020.

Bundespolizei (2019): Die GSG 9. Online verfügbar unter https://www.bundespolizei.de/Web/DE/05Die-Bundespolizei/04Einsatzkraefte/GSG9-neu/01-Die-GSG9/gsg9_node.html, zuletzt aufgerufen am 10.06.2020.

Bundesrat (2017): Drucksache 39/17 – Verordnung zur Regelung des Betriebs von unbemannten Fluggeräten (Grunddrucksache). Online verfügbar unter https://www.bundesrat.de/SharedDocs/beratungsvorgaenge/2017/0001-0100/0039-17.html, zuletzt aufgerufen am 10.06.2020.

Bundesstelle für Flugunfalluntersuchung (BFU) (2019): Bundesstelle für Flugunfalluntersuchung. Online verfügbar unter https://www.bfu-web.de/DE/BFU/bfu_node.html, zuletzt aufgerufen am 10.06.2020.

Bundesverband Copter Piloten e.V. (BVCP) (2019): Bundesverband. Online verfügbar unter https://bvcp.de, zuletzt aufgerufen am 10.06.2020.

Bundesverband der Deutschen Luftverkehrswirtschaft e. V. (BDL) (2016): Chancen und Risiken ziviler Drohnen. Online verfügbar unter https://www.bdl.aero/wp-content/uploads/2018/10/umfrage_chancen_und_risiken_ziviler_drohnen_2016.pdf, zuletzt aufgerufen am 10.06.2020.

Bundeswehr (2020a): Auftrag und Aufgaben der Bundeswehr. Online verfügbar unter https://www.bundeswehr.de/de/ueber-die-bundeswehr/auftrag-aufgaben-bundeswehr, zuletzt aufgerufen am 10.06.2020.

Bundeswehr (2020b): Verteidigung und Bundeswehr: Die Landes- und Bündnisverteidigung. Online verfügbar unter https://www.bundeswehr.de/de/ueber-die-bundeswehr/auftrag-aufgaben-bundeswehr/verteidigung-bundeswehr, zuletzt aufgerufen am 10.06.2020.

Bundeswehr (2020c): Internationales Krisenmanagement der Bundeswehr. Online verfügbar unter https://www.bundeswehr.de/de/ueber-die-bundeswehr/auftrag-aufgaben-bundeswehr/internationales-krisenmanagement-bundeswehr, zuletzt aufgerufen am 10.06.2020.

Bundeswehr (2020d): Nationale Krisenvorsorge der Bundeswehr. Online verfügbar unter https://www.bundeswehr.de/de/ueber-die-bundeswehr/auftrag-aufgaben-bundeswehr/krisen-vorsorge-bundeswehr, zuletzt aufgerufen am 10.06.2020.

Bundeswehr (2020e): Internationale Katastrophenhilfe der Bundeswehr. Online verfügbar unter https://www.bundeswehr.de/de/ueber-die-bundeswehr/auftrag-aufgaben-bundeswehr/interna-tionale-katastrophenhilfe-bundeswehr, zuletzt aufgerufen am 10.06.2020.

Crouch, Collier C. (2005): Integration of Mini-UAS at the tactical operations Level: Implications of operations, implementation, and information sharing. Monterey: Naval postgraduate school. Online verfügbar unter https://www.e-education.psu.edu/geog892/sites/www.e-educa-tion.psu.edu.geog892/files/Collier_Crouch_thesis_a435680.pdf, zuletzt aufgerufen am 10.06.2020.

Deutscher Aero Club (DAeC) (2020): Kenntnisnachweis für Modellflieger. Online verfügbar unter https://www.kenntnisnachweis-modellflug.de/Home, zuletzt aufgerufen am 11.06.2020.

Deutscher Bundestag (2019): Aufgaben. Online verfügbar unter https://www.bundestag.de/par-lament/verwaltung/polizei/aufgaben/245106, zuletzt aufgerufen am 10.06.2020.

Deutsche Flugsicherung (DFS) (2017): Wenn Drohnen den Luftverkehr behindern, online verfügbar unter https://www.film-tv-video.de/wp-content/uploads/2016/11/Drohnen_Infografiken.pdf, zu-letzt aufgerufen am 10.06.2020.

Deutsche Flugsicherung GmbH (DFS) (2019a): Über uns. Online verfügbar unter https://www.dfs.de/dfs_homepage/de/Unternehmen/Über%20uns/, zuletzt aufgerufen am 10.06.2020.

Deutsche Lebens-Rettungs-Gesellschaft e.V. (DLRG) (2020): DLRG. Online verfügbar unter https://www.dlrg.de, zuletzt aufgerufen am 10.06.2020.

Deutsche Lebens-Rettungs-Gesellschaft e.V. Varel (DLRG-Varel) (2020): Pilotenlehrgang für Ret-tungsdrohnen. Online verfügbar unter https://varel.dlrg.de/news/neuigkeit/25/News, zuletzt auf-gerufen am 14.08.2020.

Deutscher Modellflieger Verband (DMFV) (2019): Über uns. Online verfügbar unter https://www.dmfv.aero/verband/ueber-uns/, zuletzt aufgerufen am 11.06.2020.

Deutsche Presse Agentur (DPA) (2019a): Flughafen Heathrow stoppt Abflüge. Online verfügbar unter https://www.tagesschau.de/ausland/heathrow-drohne-101.html, zuletzt aufgerufen am 10.06.2020.

Deutsche Presse Agentur (DPA) (2019b): Behörden wollen rascher auf Drohnen am Flughafen Frankfurt reagieren. Online verfügbar unter https://www.wiwo.de/politik/deutschland/luftver-kehr-behoerden-wollen-rascher-auf-drohnen-am-flughafen-frankfurt-reagieren/24347016.html, zuletzt aufgerufen am 10.06.2020.

Deutsches Rotes Kreuz e.V. (DRK) (2020): DRK. Online verfügbar unter https://www.drk.de, zuletzt aufgerunfen am 10.06.2020.

Deutscher Modellflieger Verband (DMFV) (2019): Über uns. Online verfügbar unter https://www.dmfv.aero/verband/ueber-uns/, zuletzt aufgerufen am 10.06.2020.

Deutsches Zentrum für Luft- und Raumfahrt (DLR) (2018): DLR – Akzeptanz unbemannter Luft-fahrzeuge. Online verfügbar unter https://www.dlr.de/content/de/downloads/2018/akzeptanz-unbemannter-luftfahrzeuge.pdf?_blob=publicationFile&v=10, zuletzt aufgerufen am 10.06.2020.

Dieckert, Ulrich (2017): Der fliegende Kommissar. In: Drohnenmagazin 1/2017. Berlin: Aeromedia Verlag GmbH & Co. KG.

Dieckert, Ulrich; **Eich**, Stephan (2018): Drohnen – Technik und Recht bei gewerblicher und behördlicher Nutzung. Köln: Bundesanzeiger Verlag GmbH.

DJI (2020a): Mavic 2 Enterprise Series. Online verfügbar unter https://www.dji.com/de/mavic-2-enterprise, zuletzt aufgerufen am 26.06.2020.

DJI (2020b): Matrice 600. Online verfügbar unter https://www.dji.com/de/matrice600, zuletzt aufgerufen am 03.07.2020.

Dobie, Greg (2016): Rise of the Drones - Managing the Unique Risks Associated with Unmanned Aircraft Systems. In: Allianz Global Corporate & Specialty SE (Hg.): Rise of the Drones - Managing the Unique Risks Associated with Unmanned Aircraft Systems. München. Online verfügbar unter https://www.agcs.allianz.com/content/dam/onemarketing/agcs/agcs/reports/AGCS-Riseofthedrones-report.pdf, zuletzt aufgerufen am 10.06.2020.

DPA (o. A.) (2017): Lufttaxi meistert Jungfernflug über Dubai. erschienen auf Spiegel Online. Online verfügbar unter http://www.spiegel.de/auto/aktuell/dubai-volocopter-lufttaxi-meistert-jungfernflug-a-1169937.html, zuletzt aufgerufen am 10.06.2020.

Drohnenstore 24 (2020): Shop H 520. Online verfügbar unter https://www.drohnenstore24.de/innovation/proficopter/ds24-typhoon-h520-mit-e10t-waerme-und-restlichtkamera-320-x-256-thermalaufloesung-koffer-und-zubehoer/a-1049139/?ReferrerID=7&gclid=CjwKCAjw_-D3BRBIEiwAjVMy7DY1bT1lR2yUuL66HdvziCHhvXI5BpcgJjw1Flqd2h5e9cjyVzGeJxoCJEoQAVD_BwE, zuletzt aufgerufen am 26.06.2020.

DRONIQ (2020): Ergebnisse der BOS-Umfrage zur UAS-Nutzung. Slideshow. Siehe Anlage 1.

Europäische Kommission (2020a): Strategie. Online verfügbar unter https://ec.europa.eu/info/strategy_de, zuletzt aufgerufen am 17.07.2020.

European Union Aviation Safety Agency (EASA) (2020a): FAQ. Online verfügbar unter https://www.easa.europa.eu/the-agency/faqs/regulations#category-basic-regulation, zuletzt aufgerufen am 08.07.2020.

European Union Aviation Safety Agency (EASA) (2020b): EASA. Online verfügbar unter https://www.easa.europa.eu/light/easa, zuletzt aufgerufen am 17.07.2020.

Eich, Stephan (2020): Drohnen im Katastrophenschutz. In: Drohnenmagazin 2/2020. Berlin: Aeromedia Verlag GmbH & Co. KG.

E-VOLO (2017): Just Imagine, online verfügbar unter http://www.e-volo.com/index.php/volocopter/einsatzbereiche, zuletzt aufgerufen am 10.06.2020.

Felling, Walter (2008): Chancen und Grenzen des Rechts auf freie Nutzung des Luftraumes durch Flugmodelle. Villingen-Schwenningen: Neckar-Verlag GmbH.

Felling, Walter; **Tofahrn**, Frank (2014): Rechtliche und (funk)technische Betrachtung zum Betrieb von unbemannten Luftfahrzeugen mit innovativer Technik. Schriftenreihe zum Modellflug Nr.

01/2014. Online verfügbar unter http://www.mfsd.de/images/funk/ fpv_und_drohnen.pdf, zuletzt aufgerufen am 10.06.2020.

Festo (2019): Smartbird. Online verfügbar unter https://www.festo.com/group/en/cms/10238.htm, zuletzt aufgerufen am 10.06.2020.

Frankfurter Allgemeine Zeitung - FAZ (2017) Die fliegende Gefahr. Frankfurter Allgemeine Zeitung. Ausgabe 05.07.2017.

Gewerkschaft der Polizei (GDP) (2019a): Deutsche Sicherheitsbehörden/Polizei und Föderalismus. Online verfügbar unter https://www.kriminalpolizei.de/service/sicherheitsbehoerden/deutsche-sicherheitsbehoerden-polizei-und-foederalismus.html, zuletzt aufgerufen am 10.06.2020.

Gewerkschaft der Polizei (GDP) (2019b): Die Bereitschaftspolizei. Online verfügbar unter https://www.gdp.de/gdp/gdp.nsf/res/86BBED3DC4D1D2A2C12584A1004AD2E1/$file/2019_Themenheft_Die%20Bereitschaftspolizei_WEB.pdf, zuletzt aufgerufen am 10.06.2020.

Giemulla, Elmar; **Schmid**, Ronald (1990/2016): Frankfurter Kommentar zum Luftverkehrsrecht. Loseblattwerk mit Aktualisierungen 2016. Ort: Luchterhand.

Giemulla, Elmar; **Van Schyndel**, Heiko; **Friedl**, Achim (2018): Gewerblicher und privater Einsatz von Drohnen – Regelung des Betriebs von unbemannten Fluggeräten. Köln: Wolters Kluwer Deutschland GmbH.

Globeflight (2020): DJI Mavic 2 Enterprise Dual. Online verfügbar unter https://www.globeflight.de/DJI-Mavic-2-Enterprise-Thermal-Dual-Universal-Edition_1?curr=EUR&gclid=CjwKCAjw_-D3BRBIEiwAjVMy7Ch7liF1cLdBX_ne7Z7UhYN1jMwiNoeeo2G_bbSXvwxJ5tY4G8QiU-RoCZ9oQAvD_BwE, zuletzt aufgerufen am 26.06.2020.

Goslar (2020a): Organigramm. Online verfügbar unter https://www.goslar.de/images/stadt-buerger/stadtverwaltung/ausbildung/Organigramm-1.pdf, zuletzt aufgerufen am 10.06.2020.

Goslar (2020b): Informationen und Services für Goslarer Bürger. Online verfügbar unter https://www.goslar.de/stadt-buerger, zuletzt aufgerufen am 10.06.2020.

Goslar (2020c): Stadtmarketing. Online verfügbar unter https://www.goslar.de/kontakt/stadtmarketing, zuletzt aufgerufen am 10.06.2020.

Goslarsche Zeitung (GZ) (2016): Viele Fragen rund um den Harzburger Hof. Online verfügbar unter https://live.goslarsche.de/post/view/578cc94f3c59b01721471b92/Bad-Harzburg/Viele-Fragen-rund-um-den-Harzburger-Hof, zuletzt aufgerufen am 30.06.2020.

Goslarsche Zeitung (GZ) (2020): Städtische Drohnen machen Luftaufnahmen. Online verfügbar unter https://live.goslarsche.de/post/view/5eb6376441e6884ad5986f2d/Goslar/Staedtische-Drohnen-machen-Luftaufnahmen?fbclid=IwAR3hGoni2EU_ShXcLMiRjRu2QuflgnCFcfB-MaxrJBvgWxwT7gMuOYI7owUY, zuletzt aufgerufen am 10.06.2020.

Grabherr, Edwin; **Reidt**, Olaf; **Wysk**, Peter (2017): Kommentar Luftverkehrsgesetz. Loseblattwerk 2017. Ort: C.H. Beck Verlag.

Grosch, Werner (2016): Diese Drohne soll Verletzte bergen. Online verfügbar unter https://www.ingenieur.de/technik/fachbereiche/luftfahrt/diese-drohne-verletzte-bergen/, zuletzt aufgerufen am 10.06.2020.

ICAO (2018): Member List, online verfügbar unter http://www.icao.int/MemberStates/Member%20States.Multilingual.pdf, zuletzt aufgerufen am 10.06.2020.

JARUS (2019): Working Groups. Online verfügbar unter http://jarus-rpas.org/working-groups, zuletzt aufgerufen am 10.06.2020.

Kaiser, Christian (2017): T-UAV – Die gefesselte Drohne. In: Drohnenmagazin 1/2017. Berlin: Aeromedia Verlag GmbH & Co. KG.

Köhler, Philipp (2018a): Katastrophen im Livebild. In: Drohnenmagazin 1/2018. Berlin: Aeromedia Verlag GmbH & Co. KG.

Köhler, Philipp (2018b): Hauptsache Drohne? In: Drohnenmagazin 3/2018. Berlin: Aeromedia Verlag GmbH & Co. KG.

Köhler, Philipp (2018c): Live-Lagekarte. In: Drohnenmagazin 4/2018. Berlin: Aeromedia Verlag GmbH & Co. KG.

Köhler, Philipp (2019a): 2D-Mapping an Einsatzstellen. In: Drohnenmagazin 3/2019. Berlin: Aeromedia Verlag GmbH & Co. KG.

Köhler, Philipp (2019b): 360°. In: Drohnenmagazin 1/2019. Berlin: Aeromedia Verlag GmbH & Co. KG.

Kopp, Ferdinand O.; **Ramsauer,** Ulrich (2005): Verwaltungsvefahrensgesetz – Kommentar. Ort: C. H. Beck Verlag.

Kornmeier, Claudia (2012): Der Einsatz von Drohnen zur Bildaufnahme – Eine luftrechtliche und datenschutzrechtliche Betrachtung. Berlin: LIT Verlag Dr., W. Hopf.

Kückelhaus, Dr. Markus (2014): Unmanned Aerial vehicles in logistics - A DHL perspective on implications and use cases for the logistics industry. DHL Customer Solutions & Innovation (Hg.). online verfügbar unter http://www.dhl.com/content/dam/downloads/g0/about_us/logistics_insights/dhl_trend_report_uav.pdf, zuletzt aufgerufen am 10.06.2020.

Landesfeuerwehrverband Niedersachsen (LFV-NDS) (2020a): Berufsfeuerwehren und Hauptberufliche Wachbereitschaften. Online verfügbar unter https://www.lfv-nds.de/mitglieder/berufsfeuerwehren, zuletzt aufgerufen am 10.06.2020.

Landesfeuerwehrverband Niedersachsen (LFV-NDS) (2020b): Werkfeuerwehren. Online verfügbar unter https://www.lfv-nds.de/mitglieder/werkfeuerwehr, zuletzt aufgerufen am 10.06.2020.

Lange, Sascha (2003): Flugroboter statt bemannter Militärflugzeuge? Stiftung Wissenschaft und Politik -SWP- Deutsches Institut für Internationale Politik und Sicherheit (Ed.) (SWP-Studie S 29). Online verfügbar unter http://www.ssoar.info/ssoar/handle/document/26203, zuletzt aufgerufen am 10.06.2020.

Löfken, Jan Oliver (2011), Mit dem Nurflügler in die Lüfte. Online verfügbar unter https://www.weltderphysik.de/gebiet/technik/verkehr/nurfluegler/, zuletzt aufgerufen am 10.06.2020.

Luftfahrtbundesamt (LBA) (2019a): Aufgaben und Ziele des Luftfahrt-Bundesamts. Online verfügbar unter https://www.lba.de/DE/LBA/Aufgabe/Aufgaben_node.html;jsessionid=44F4B21FF92A-EDAAC453E1EC29BBDA87.live11294, zuletzt aufgerufen am 10.06.2020.

Luftfahrtbundesamt (LBA) (2019b): Hinweise zur Anerkennung von Stellen (AST) zur Ausstellung von Bescheinigungen des Nachweises ausreichender Kenntnisse und Fertigkeiten für Steuerer von unbemannten Fluggeräten. Online verfügbar https://www.lba.de/SharedDocs/Downloads/DE/L/L1/Unbemannte_Fluggeraete/00_Informationsblatt.pdf?__blob=publicationFile&v=9, zuletzt aufgerufen am 10.06.2020.

Lukacs, Michael (2016): Unmanned Aircraft Systems. In: Federal Aviation Agency: FAA Aerospace Forecast – Fiscal Years 2016 – 2036, online verfügbar unter https://www.faa.gov/data_research/aviation/aerospace_forecasts/media/faa_aerospace_forecasts_fy_2016-2036.pdf, zuletzt aufgerufen am 10.06.2020.

Manna (2024): Drone delivery made simple. Online verfügbar unter https://www.manna.aero, zuletzt aufgerufen am 24.11.2024.

Marr, Bernard (2017): The 4 Ds Of Robotization: Dull, Dirty, Dangerous And Dear. Online verfügbar unter https://www.forbes.com/sites/bernardmarr/2017/10/16/the-4-ds-of-robotization-dull-dirty-dangerous-and-dear/#725890683e0d, zuletzt aufgerufen am 10.06.2020.

Mavinci (2018): MAVinci SIRIUS Unmanned Aerial System. Online verfügbar unter http://www.mavinci.de/de/, zuletzt aufgerufen am 10.06.2020.

Mayer, Hans (2019): Schadstoffmessung per Drohne. Online verfügbar unter https://www.faz.net/aktuell/technik-motor/technik/schadstoffmessung-per-drohne-stinkt-da-was-zum-himmel-16549793.html, zuletzt aufgerufen am 10.06.2020.

Microdrones (2017): Informationen zu Einsatzgebieten, online verfügbar unter https://www.microdrones.com/de, zuletzt aufgerufen am 10.06.2020.

Ministerium für Energie, Infrastruktur und Digitalisierung (MV) (2019a): Luftfahrtbehörde Mecklenburg-Vorpommern. Online verfügbar unter https://www.regierung-mv.de/Landesregierung/em/Infrastruktur/Luftverkehr/Luftfahrtbehörde/, zuletzt aufgerufen am 10.06.2020.

Ministerium für Wirtschaft, Arbeit, Verkehr und Digitalisierung (MW) (2019a): Luftfahrtbehörde. Online verfügbar unter https://www.mw.niedersachsen.de/startseite/themen/verkehr/luftverkehr/flugplaetze_niedersachsen/flugplaetze-in-niedersachsen-15874.html, zuletzt aufgerufen am 10.06.2020.

Ministerium für Verkehr des Landes Nordrhein-Westphalen (VM) (2019a): Flugbetrieb und Sicherheit. Online verfügbar unter http://www.vm.nrw.de/verkehr/luftverkehr/Flugbetrieb_Sicherheit/index.php, zuletzt aufgerufen am 10.06.2020.

Monroy, Matthias (2020): Landespolizeien setzen Drohnen ein. Online verfügbar unter https://netzpolitik.org/2020/landespolizeien-setzen-drohnen-ein/, zuletzt aufgerufen am 10.06.2020.

Naumann, Gerko (2016): Der Abstieg eines Prunk-Hotels. Online verfügbar unter https://www.haz.de/Nachrichten/Der-Norden/Uebersicht/Der-Abstieg-eines-Prunk-Hotels-Der-Harzburger-Hof-in-Bad-Harzburg, zuletzt aufgerufen am 30.06.2020.

Niedersächsische Landesbehörde für Straßenbau und Verkehr (NLSTBV) (2019b): Luftverkehr. Online verfügbar unter http://www.strassenbau.niedersachsen.de/aufgaben/luftverkehr/luftverkehr-78357.html, zuletzt aufgerufen am 10.06.2020.

Niedersächsische Landesbehörde für Straßenbau und Verkehr (NLSTBV) (2019b): Luftfahrtpersonal. Online verfügbar unter http://www.strassenbau.niedersachsen.de/startseite/aufgaben/luftverkehr/luftfahrtpersonal/luftfahrtpersonal-118837.html, zuletzt aufgerufen am 10.06.2020.

Niedersächsische Landesbehörde für Straßenbau und Verkehr (NLSTBV) (2020): Organigramm. Online verfügbar unter https://www.strassenbau.niedersachsen.de/startseite/organisation/organisationsplan/organisationsplan-78246.html, zuletzt aufgerufen am 10.06.2020.

Niedersächsische Landesforsten (2020a): Impressum. Online verfügbar unter https://www.landesforsten.de/impressum, zuletzt aufgerufen am 10.06.2020.

Niedersächsische Landesforsten (2020b): Unternehmensportrait. Online verfügbar unter https://www.landesforsten.de/wir/unternehmensportrait, zuletzt aufgerufen am 10.06.2020.

Niedersächsisches Ministerium für Ernährung, Landwirtschaft und Verbraucherschutz (ML) (2020): Berufe in der Forstwirtschaft. Online verfügbar unter https://www.ml.niedersachsen.de/startseite/themen/wald_holz_jagd/berufe_in_der_forstwirtschaft/berufe-in-der-forstwirtschaft-4967.html, zuletzt aufgerufen am 10.06.2020.

Niedersächsisches Ministerium für Inneres und Sport (MI) (2020): Kommunale Wirtschaft. Online verfügbar unter https://www.mi.niedersachsen.de/startseite/themen/kommunen/kommunale_wirtschaft/kommunale-wirtschaft-60404.html, zuletzt aufgerufen am 10.06.2020.

Parrot (2018): Disco FPV. Online verfügbar unter https://www.parrot.com/de/drohnen/parrot-disco-fpv#disco-fpv, zuletzt aufgerufen am 10.06.2020.

Platis, Andreas (2018): Drohnenführerschein kompakt – Das Grundwissen zum Kenntnisnachweis und Drohnenflug. Stuttgart: Motorbuch Verlag.

Plavec, Florian (2015): Marcel Hirscher: Große Aufruhr nach dem Absturz. Online verfügbar unter https://www.tagesspiegel.de/sport/drohnen-unfall-marcel-hirscher-grosse-aufruhr-nach-dem-absturz/12762612.html, zuletzt aufgerufen am 10.06.2020.

Polizeiliche Kriminalprävention der Länder und des Bundes (PKdLuB) (2020): Aufgaben. Online verfügbar unter https://www.polizeifürdich.de/deine-polizei/aufgaben.html, zuletzt aufgerufen am 10.06.2020.

Polizei Niedersachsen (2019): Startseite. Online verfügbar unter https://www.polizei-nds.de/startseite/, zuletzt aufgerufen am 17.01.2019.

Potthast, Frank (2018): Drohnen bei Feuerwehr & Co. Berlin: epubli.

Potthast, Frank (2019): FlyBiR findet verschüttete. In: Drohnenmagazin 4/2019. Berlin: Aeromedia Verlag GmbH & Co. KG.

Potthast, Frank (2020a): Als BOS darf ich das. In: Drohnenmagazin 1/2020. Berlin: Aeromedia Verlag GmbH & Co. KG.

Potthast, Frank (2020b): Helfer auf zwei Ketten. In: Drohnenmagazin 2/2020. Berlin: Aeromedia Verlag GmbH & Co. KG.

Regenfus, Thomas (2011): Zivilrechtliche Abwehransprüche gegen Überflüge und Bildaufnahmen von Drohnen. Ergänzte und überarbeitete Fassung des am 14.05.2011 gehaltenen Vortrags. Eine Kurzfassung ist in NZM 2011, 799 ff. erschienen. Online verfügbar unter http://irut.de/Forschung/Tagungen/Beltraege_IRuT_2011/Regenfus.pdf, zuletzt aufgerufen am 10.06.2020.

Reuter, Thomas (2009): Die Verhältnismäßigkeit im engeren Sinne – das unbekannte Wesen. Online verfügbar unter http://www.juraexamen.info/wp-content/uploads/jura.2009.511.pdf, zuletzt aufgerufen am 10.06.2020.

Rötzer, Florian (2018): Der luftkrieg der Killerdrohnen hat begonnen. Online verfügbar unter https://www.heise.de/tp/features/Der-Luftkrieg-der-Killerdrohnen-hat-begonnen-4169409.html, zuletzt aufgerufen am 10.06.2020.

Rosenow, Jens (2017a): Drohnen im Katastrophenschutz. In: Drohnenmagazin 1/2017. Berlin: Aeromedia Verlag GmbH & Co. KG.

Rosenow, Jens (2017b): Drohnen im Anti-Minen Einsatz. In: Drohnenmagazin 1/2017. Berlin: Aeromedia Verlag GmbH & Co. KG.

Rosenow, Jens (2017c): Unbemannt Leben retten. In: Drohnenmagazin 1/2017. Berlin: Aeromedia Verlag GmbH & Co. KG.

Rosenow, Jens (2017d): Feuerwehrarbeit aus der Luft. In: Drohnenmagazin 3/2017. Berlin: Aeromedia Verlag GmbH & Co. KG.

Rosenow, Jens (2017e): Fliegender Lautsprecher. In: Drohnenmagazin 2/2017. Berlin: Aeromedia Verlag GmbH & Co. KG.

Rosenow, Jens (2017f): Leben retten mit dem Quadrocopter. In: Drohnenmagazin 3/2017. Berlin: Aeromedia Verlag GmbH & Co. KG.

Rosenow, Jens (2017g): Houston, wir haben ein Problem. In: Drohnenmagazin 4/2017. Berlin: Aeromedia Verlag GmbH & Co. KG.

Rosenow, Jens (2017h): Das fliegende Auge. In: Drohnenmagazin 4/2017. Berlin: Aeromedia Verlag GmbH & Co. KG.

Rosenow, Jens (2017i): Fliegen im Wald. In: Drohnenmagazin 4/2017. Berlin: Aeromedia Verlag GmbH & Co. KG.

Rosenow, Jens (2018a): Im Einsatz für die Polizei. In: Drohnenmagazin 1/2018. Berlin: Aeromedia Verlag GmbH & Co. KG.

Rosenow, Jens (2018b): Achtung, Bombenalarm. In: Drohnenmagazin 3/2018. Berlin: Aeromedia Verlag GmbH & Co. KG.

Rosenow, Jens (2019a): Keine Chance für Raser & Drängler auf dem Wasser. In: Drohnenmagazin 3/2019. Berlin: Aeromedia Verlag GmbH & Co. KG.

Rosenow, Jens (2019b): Der Zweck heiligt nicht die Mittel. In: Drohnenmagazin 3/2019. Berlin: Aeromedia Verlag GmbH & Co. KG.

Rosenow, Jens (2020a): Unbemanntes Teaming. In: Drohnenmagazin 1/2020. Berlin: Aeromedia Verlag GmbH & Co. KG.

Rosenow, Jens (2020b): Das Kompetenzzentrum „Drohne" für alle Polizeien. In: Drohnenmagazin 1/2020, S. 34ff. Berlin: Aeromedia Verlag GmbH & Co. KG.

Rosenow, Jens (2020c): Augmented Reality an der Einsatzstelle. In: Drohnenmagazin 1/2020. Berlin: Aeromedia Verlag GmbH & Co. KG.

Rosenow, Jens (2020d): Unbemannter Transport. In: Drohnenmagazin 2/2020. Berlin: Aeromedia Verlag GmbH & Co. KG.

Rosenow, Jens (2020e): Auf die Ausbildung kommt es an. In: Drohnenmagazin 2/2020. Berlin: Aeromedia Verlag GmbH & Co. KG.

Schneider, Uwe (2017): Foto-Drohnen – Das Handbuch für den Copter-Piloten. Haar bei München: Franzis Verlag GmbH.

Schruhl, Xaver (2018): Die Freiheit der Befreiung – Darf man jetzt eigentlich alles? In: Drohnenmagazin 1/2018. Berlin: Aeromedia Verlag GmbH & Co. KG.

Semler, Wolfgang (2020): Gefesselt im Einsatz. In: Drohnenmagazin 1/2020. Berlin: Aeromedia Verlag GmbH & Co. KG.

Solmecke, Christian (2017): Neue Drohnen-Verordnung – Verschärfte Regeln für Nutzer. Online verfügbar unter https://www.wbs-law.de/allgemein/die-rechtlichen-probleme-des-einsatzes-von-zivilen-drohnen-49854/, zuletzt aufgerufen am 10.06.2020.

Sprenger, Maurice (2018a): Ausgenommen sicher. In: Drohnenmagazin 1/2018. Berlin: Aeromedia Verlag GmbH & Co. KG.

Sprenger, Maurice (2018b): Letzte Rettung aus der Luft. In: Drohnenmagazin 2/2018. Berlin: Aeromedia Verlag GmbH & Co. KG.

Sprenger, Maurice (2018c): Der fliegende Schnüffler. In: Drohnenmagazin 3/2018. Berlin: Aeromedia Verlag GmbH & Co. KG.

Sprenger, Maurice (2019a): Drohnen über Notre-Dame. In: Drohnenmagazin 3/2019. Berlin: Aeromedia Verlag GmbH & Co. KG.

Sprenger, Maurice (2019b): Hybrid und autonom unterwegs. In: Drohnenmagazin 3/2019. Berlin: Aeromedia Verlag GmbH & Co. KG.

Sprenger, Maurice (2019b): Einsatz mit Hindernissen. In: Drohnenmagazin 2/2018. Berlin: Aeromedia Verlag GmbH & Co. KG.

Sprenger, Maurice (2019c): Neue Polizeidrohnen. In: Drohnenmagazin 3/2019. Berlin: Aeromedia Verlag GmbH & Co. KG.

Sprenger, Maurice (2019d): Feldversuch als Rettungsmulticopter. In: Drohnenmagazin 1/2019. Berlin: Aeromedia Verlag GmbH & Co. KG.

Sprenger, Maurice (2019e): Special Condition VTOL Aircraft. In: Drohnenmagazin 2/2019. Berlin: Aeromedia Verlag GmbH & Co. KG

Sprenger, Maurice (2020): Unbemannt gegen Corona. In: Drohnenmagazin 2/2020. Berlin: Aeromedia Verlag GmbH & Co. KG.

Stellpflug, Timo; **Hilpert,** Johannes (2017): Novellierter Rechtsrahmen für den Betrieb unbemannter Fluggeräte. In: Neue Zeitschrift für Verwaltungsrecht 20 2017, 1490. Online verfügbar unter https://beck-online.beck.de/?vpath=bibdata%2Fzeits%2FNVWZ%2F2017 %2fcont%2fNVWZ%2e2017%2e1490%2e1%2ehtm, zuletzt aufgerufen am 10.06.2020.

Telekom (2017): Kooperation auf hohem Niveau, online verfügbar unter https://www.telekom.com/de/medien/medieninformationen/detail/kooperation-auf-hohem-niveau-44393, zuletzt aufgerufen am 10.06.2020.

Test (2010): Dafür haften Helfer. Online verfügbar unter https://www.test.de/Ehrenamt-Dafuer-haften-Helfer-1847175-2847175/, zuletzt aufgerufen am 10.06.2020.

Tölle, Dennis (2010): Das Recht am eigenen Bild. Online verfügbar unter https://www.rechtam-bild.de/2010/03/das-recht-am-eigenen-bild/comment-page-20/, zuletzt aufgerufen am 10.06.2020.

UAV DACH e.V. (2019a): Verband. Online verfügbar unter https://www.uavdach.org/?page_id=266, zuletzt aufgerufen am 03.05.2019.

UAV DACH e.V. (2019b): Verbandszweck. Online verfügbar unter https://www.uavdach.org/?page_id=281, zuletzt aufgerufen am 10.06.2020.

Van Blyenburgh, Peter (2018): RPAS: The Global Perspective 2018. Paris: Blyenburgh & Co. Online verfügbar unter https://rps-info.com/publications/rpas-yearbook-2018/#page/2, zuletzt aufgerufen am 10.06.2020.

Volksfest Goslar (2020): Volksfest Goslar. Online verfügbar unter http://800.volksfest-goslar.de, zuletzt aufgerufen am 30.06.2020.

Wadewitz, Felix (2020): Auch in Deutschland überwachen Drohnen die Corona-Maßnahmen. Online verfügbar unter https://www.tagesspiegel.de/wirtschaft/ueberwachung-wegen-covid-19-auch-in-deutschland-ueberwachen-drohnen-die-corona-massnahmen/25714280.html, zuletzt aufgerufen am 10.06.2020.

Warnholtz, Anna (2015): Was Sie den Piloten schon immer mal fragen wollten. Online verfügbar unter https://www.welt.de/reise/article145166738/Was-Sie-den-Piloten-schon-immer-mal-fragen-wollten.html, zuletzt aufgerufen am 10.06.2020.

Werner, Lars; **Kemper**, Jürgen (2017): Bayers Pyro-Wahnsinn - Wie Fans ihre Knallkörper mit einer Drohne ins Stadion brachten. Online verfügbar unter http://www.express.de/sport/fussball/bayer-leverkusen/bayers-pyro-wahnsinn-wie-fans-ihre-knallkoerper-mit-einer-drohne-ins-stadion-brachten-25639524, zuletzt aufgerufen am 10.06.2020.

Yuneec (2020): H 520. Online verfügbar unter https://www.yuneec.com/de_DE/kommerzielle-drohnen/drohnen/h520/uebersicht.html, zuletzt aufgerufen am 25.06.2020.

Gesetze und Verordnungen

Anlage zur Kostenverordnung der Luftfahrtverwaltung (LuftKostV) vom 14. Februar 1984 (BGBl. I S. 346), die zuletzt durch Artikel 4 des Gesetzes vom 28. Juni 2016 (BGBl. I S. 1548) geändert worden ist.

Abkommen über die Internationale Zivilluftfahrt (Chicagoer Abkommen) (CA) vom 7. Dezember 1944 (BGBl. 1956 II S. 411) zuletzt geändert durch Protokoll vom 10. Mai 1984 (BGBl. 1996 II S. 210, 1999 II S. 307) (Übersetzung).

Bürgerliches Gesetzbuch (BGB) in der Fassung der Bekanntmachung vom 2. Januar 2002 (BGBl. I S. 42, 2909; 2003 I S. 738), das zuletzt durch Artikel 6 des Gesetzes vom 6. Juni 2017 (BGBl. I S. 1495) geändert worden ist.

Delegierte Verordnung (EU) 2019/945 der Kommission vom 12. März 2019 über unbemannte Luftfahrzeugsysteme und Drittlandbetreiber unbemannter Luftfahrzeugsysteme.

Durchführungsverordnung (EU) 923/2012 der Kommission vom 26. September 2012 zur Festlegung gemeinsamer Luftverkehrsregeln und Betriebsvorschriften für Dienste und Verfahren der Flugsicherung und zur Änderung der Durchführungsverordnung (EG) Nr. 1035/2011 sowie der Verordnungen (EG) Nr. 1265/2007, (EG) Nr. 1794/2006, (EG) Nr. 730/2006, (EG) Nr. 1033/2006 und (EU) Nr. 255/2010.

Durchführungsverordnung (EU) 2019/947 der Kommission vom 24. Mai 2019 über die Vorschriften und Verfahren für den Betrieb unbemannter Luftfahrzeuge.

Durchführungsverordnung (EU) 2020/639 der Kommission vom 12. Mai 2020 zur Änderung der Durchführungsverordnung (EU) 2019/947 in Bezug auf Standardszenarien für den Betrieb in oder außerhalb direkter Sicht.

Durchführungsverordnung (EU) Nr. 923/2012, SERA vom 26.12.2012.

Gesetz über die Bundespolizei (Bundespolizeigesetz - BPolG) vom 19. Oktober 1994 (BGBl. I S. 2978, 2979), das zuletzt durch Artikel 1 des Gesetzes vom 5. Mai 2017 (BGBl. I S. 1066) geändert worden ist.

Grundgesetz (GG) für die Bundesrepublik Deutschland in der im Bundesgesetzblatt Teil III, Gliederungsnummer 100- 1, veröffentlichten bereinigten Fassung, das zuletzt durch Artikel 1 des Gesetzes vom 23. Dezember 2014 (BGBl. I S. 2438) geändert worden ist.

Gesetz über das Bundeskriminalamt und die Zusammenarbeit des Bundes und der Länder in kriminalpolizeilichen Angelegenheiten (Bundeskriminalamtgesetz - BKAG) vom 01. Juni 2017, zuletzt geändert durch Artikel 1des Gesetzes vom 01. Juni 2017 (BGBl. I S. 1354)

Gesetz über den Auswärtigen Dienst (GAD) vom 30. August 1990 (BGBl. I S. 1842), das zuletzt durch Artikel 2 des Gesetzes vom 10. März 2017 (BGBl. I S. 410) geändert worden ist.

Insolvenzordnung vom 5. Oktober 1994 (BGBl. I S. 2866), die zuletzt durch Artikel 24 Absatz 3 des Gesetzes vom 23. Juni 2017 (BGBl. I S. 1693) geändert worden ist.

Landesgesetz über den Brandschutz, die allgemeine Hilfe und den Katastrophenschutz (Brand- und Katastrophenschutzgesetz - LBKG -) vom 2. November 1981.

Gesetz über die Zusammenarbeit des Bundes und der Länder in Angelegenheiten des Verfassungsschutzes und über das Bundesamt für Verfassungsschutz (Bundesverfassungsschutzgesetz - BVerfSchG) vom 20. Dezember 1990 (BGBl. I S. 2954, 2970), das zuletzt durch Artikel 2 des Gesetzes vom 30. Juni 2017 (BGBl. I S. 2097) geändert worden ist.

Luftsicherheits-Zuverlässigkeitsüberprüfungsverordnung (LuftSiZÜV) vom 23. Mai 2007 (BGBl. I S. 947), die zuletzt durch Artikel 3 der Verordnung vom 2. April 2008 (BGBl. I S. 647) geändert worden ist.

Luftverkehrsgesetz (LuftVG) in der Fassung der Bekanntmachung vom 10. Mai 2007 (BGBl. I S. 698), das zuletzt durch Artikel 11 des Gesetzes vom 29. Mai 2017 (BGBl. I S. 1298) geändert worden ist. Sowie Vorgängerversionen.

Luftverkehrsordnung (LuftVO) vom 29. Oktober 2015 (BGBl. I S. 1894), die zuletzt durch Artikel 2 der Verordnung vom 11. Juni 2017 (BGBl. I S. 1617) geändert worden ist. Sowie Vorgängerversionen (a.F.).

Luftverkehrs-Zulassungs- Ordnung (LuftVZO) vom 19. Juni 1964 (BGBl. I S. 370), die zuletzt durch Artikel 1 der Verordnung vom 30. März 2017 (BGBl. I S. 683) geändert worden ist.

Niedersächsisches Beamtengesetz (NBG) in der Fassung vom 25. März 2009.

Niedersächsisches Katastrophenschutzgesetz (NKatSG) in der Fassung vom 14. Februar 2002.

Niedersächsisches Rettungsdienstgesetz (NRettDG) in der Fassung vom 2. Oktober 2007.

Notice of Proposed Amendment 2020-07 Unmanned aircraft system beyond visual line operations over populated areas or assemblies of people in the 'specific' category.

Strafgesetzbuch (StGB) in der Fassung der Bekanntmachung vom 13. November 1998 (BGBl. I S. 3322), das zuletzt durch Artikel 1 des Gesetzes vom 30. Oktober 2017 (BGBl. I S. 3618) geändert worden ist.

Telekommunikationsgesetz (TKG) vom 22. Juni 2004 (BGBl. I S. 1190), das zuletzt durch Artikel 12 des Gesetzes vom 11. Juli 2019 (BGBl. I S. 1066) geändert worden ist.

Verordnung (EG) Nr. 2016/2008 des europäischen Parlaments und des Rates vom 20. Februar 2008 zur Festlegung gemeinsamer Vorschriften für die Zivilluftfahrt und zur Errichtung einer Europäischen Agentur für Flugsicherheit.

Verordnung (EU) 1178/2011 der Kommission vom 03.11.2011 zur Festlegung technischer Vorschriften und von Verwaltungsverfahren in Bezug auf das fliegende Personal in der Zivilluftfahrt gemäß der Verordnung (EG) Nr. 216/2008 des Europäischen Parlaments und des Rates.

Verordnung (EU) Nr. 376/2014 des europäischen Parlaments und des Rates vom 3. April 2014 über die Meldung, Analyse und Weiterverfolgung von Ereignissen in der Zivilluftfahrt.

Verordnung (EU) 2018/1139 des Europäischen Parlaments und des Rates vom 4. Juli 2018 zur Festlegung gemeinsamer Vorschriften für die Zivilluftfahrt und zur Errichtung einer Agentur der Europäischen Union für Flugsicherheit sowie zur Änderung der Verordnungen (EG) Nr. 2111/2005, (EG) Nr. 1008/2008, (EU) Nr. 996/2010, (EU) Nr. 376/2014 und der Richtlinien 2014/30/EU und 2014/53/EU des Europäischen Parlaments und des Rates, und zur Aufhebung der Verordnungen (EG) Nr. 552/2004 und (EG) Nr. 216/2008 des Europäischen Parlaments und des Rates und der Verordnung (EWG) Nr. 3922/91 des Rates.

Verordnung über Zuständigkeiten im Bereich Verkehr (ZustVO-Verkehr) in der Fassung vom 25. August 2014.

Verordnung zur Beauftragung von Luftsportverbänden (BeauftrV) vom 16. Dezember 1993 (BGBl. I S. 2111), die zuletzt durch Artikel 5 der Verordnung vom 12. Dezember 2016 (BGBl. I S. 2864) geändert worden ist.

Drucksachen

Bundesrat Drucksache 39/17.
Bundesrat Drucksache 39/1/17.
Bundestags-Drucksache 15/2466.

Nachrichten für Luftfahrer (NfL)

NfL 1-681-16 vom 23.02.2016: Allgemeinverfügung zur Erteilung von Flugverkehrskontrollfreigaben zur Durchführung von Flügen mit Flugmodellen und unbemannten Luftfahrtsystemen in Kontrollzonen von Flugplätzen nach § 27d Abs. 1 LuftVG an den internationalen Verkehrsflughäfen mit DFS-Flugplatzkontrolle.

NfL 1-786-16 vom 20.07.2016: Neufassung der Gemeinsamen Grundsätze des Bundes und der Länder für die Erteilung der Erlaubnis zum Aufstieg von unbemannten Luftfahrtsystemen gemäß § 20 Absatz 1 Nummer 7 Luftverkehrs-Ordnung (LuftVO).

NfL 1-1197-17 vom 13.10.2017: Allgemeinverfügung zur Erteilung von Flugverkehrskontrollfreigaben zur Durchführung von Flügen mit Flugmodellen und unbemannten Luftfahrtsystemen in Kontrollzonen von Flugplätzen nach § 27d Abs. 1 LuftVG an den internationalen Verkehrsflughäfen mit DFS-Flugplatzkontrolle.

NfL 1-1163-17 vom 27.10.2017: Gemeinsame Grundsätze des Bundes und der Länder für die Erteilung von Erlaubnissen und die Zulassung von Ausnahmen zum Betrieb von unbemannten Fluggeräten gemäß § 21a und § 21b Luftverkehrs-Ordnung (LuftVO).

NfL 1-1430-18 vom 14.09.2018: Gemeinsame Grundsätze des Bundes und der Länder für die Erteilung von Erlaubnissen und die Zulassung von Ausnahmen zum Betrieb von Flugmodellen gemäß § 21a und § 21b Luftverkehrs-Ordnung (LuftVO).